밥은 먹고 다니냐

- '사람'을 남긴다는 것

밥은
먹고 다니냐

– '사람'을 남긴다는 것

실패를
경력으로 바꾼
한 사람의
밥 이야기

성제 지음

두드림미디어

절망의 절벽 속에서도 희망의 새벽을 맞이하려는 안간힘, 숱한 실패와 좌절 속에서도 실력을 쌓을 수 있는 절호의 기회로 포착하려는 애틋한 마음이 문장과 문장 사이에 스며들어 있다. 시련으로 점철된 '역경'을 뒤집어 남다른 '경력'으로 만들어가는 이야기에서 깊은 감동과 깨달음을 얻었다. 흔들려봐야 세상을 뒤흔들 수 있다는 평범한 믿음으로 사람과 사람 사이에 따뜻한 사랑의 온도를 올리려는 진정성으로 오늘과 다른 내일을 꿈꾸며 살아가는 억척 인생의 조용한 아우성이 책의 곳곳에서 들린다. 시행착오를 거듭하지만 그래도 판단착오를 줄이려고 어제와 다르게 도전하는 사람, 휘몰아치는 세파에도 휩쓸리지 않고 살아내야 하는 본분과 살아가야 하는 목적의식을 바로잡으려는 사람에게 이 책은 소중한 참고서를 넘어 삶의 지침서가 될 것으로 믿어 의심치 않는다.

– 지식생태학자, 한양대학교 교수,《전달자》저자 유영만

이 책을 읽으며 나는 '경영'이 아니라 '사람'을 먼저 떠올리게 되었다.

아이를 맡기고, 교사를 믿고, 관계를 이어가는 현장에서 가장 중요한 것은 결국, 숫자가 아니라 태도라는 사실을 이 책은 조용하지만 분명하게 전한다.

이 책은 성공을 설명하는 것이 아니라, 실패의 자리에서 무엇을 지켜왔는지를 보여주는 기록이다.

아이를 키우고 사람을 책임지는 모든 이들에게 이 책은 '어떻게 더 빨리 갈 것인가'보다 '무엇을 끝까지 놓지 말아야 하는가'를 묻는 따뜻한 기준점이 되어줄 것이다.

- 경기 고양 배화유치원장 김명자

서문

1막. 내 글이 당신의 마음에 닿기를

"나는 내 인생의 가장 어두운 골목에서 나 자신을 만났다. 그리고 그 어둠은, 나를 집어삼키지 않고 나를 빚었다."

나는 늘 일을 사랑했다.
일은 나에게 단순한 생계의 수단이 아니었다.
그것은 나의 존재가 세상과 연결되는 방식이었고,
내가 숨 쉬는 이유였다.
그래서 나는 수없이 일했고, 또 수없이 무너졌다.
일이 나를 살렸고,
그 일 때문에 나는 여러 번 다시 죽었다.

젊은 날의 나는 '성공'이라는 단어에 너무도 솔직했다.
성공이라는 꼭대기에 올라선 사람들의 사진 속 표정처럼,
언젠가 나도 웃을 수 있으리라 믿었다.
그러나 삶은 늘 내 믿음보다 빠르고,
내 준비보다 냉정했다.
나는 수없이 문턱을 넘었다가 돌아왔고,
기회라 믿었던 순간에 절벽을 보았다.

그럼에도 불구하고 나는 멈추지 않았다.

그것이 나의 본능이었고, 나의 고집이었으며,

아마도 신이 내게 허락한 가장 완고한 재능이었다.

나는 종종 묻는다.

"왜 나는 그렇게까지 일을 붙들었을까?"

아마 나는 일을 통해 사람을 배우고 싶었던 것 같다.

일은 거울이었다.

그 거울 속에는 거래가 아닌 인간이,

성과가 아닌 표정이,

계약서보다 오래 남는 관계가 있었다.

그리고 나는 그 관계 속에서

조금씩 '리더'라는 단어의 의미를 배워갔다.

리더란 무엇인가.

많은 이들이 리더를 말하지만,

리더의 고독을 말하는 이는 많지 않다.

나는 리더의 고독을 알고 있다.

그것은 아무도 없는 회의실에서

마지막 결정을 내려야 할 때의 정적이다.

누구의 탓도 할 수 없고,

누구의 위로도 들리지 않는 순간.

리더는 그 침묵 속에서 자신을 단련해야 한다.

나는 그 시간을 견뎠고,

그 침묵 속에서 길을 배웠다.

사람은 결국 자신이 선택한 문장을 살아간다.

나는 '책임'이라는 단어를 선택했다.

책임은 무겁다.

하지만 무게가 없다면 우리는 쉽게 부서진다.

나는 무게를 견디며 단단해졌고,

그 단단함이 나를 다시 길 위로 내보냈다.

내가 걸어온 길은 단 한 번도 평탄하지 않았다.

그럼에도 불구하고 나는 늘 감사했다.

왜냐하면 내 삶의 모든 고난은

결국 나를 '사람 곁'으로 데려다주었기 때문이다.

나는 오랜 세월 동안 '일' 속에서 '사람'을 잊지 않으려 애썼다.

그게 내가 살아남은 이유였고,

이 책을 쓰게 된 이유이기도 하다.

사람은 서로의 거울이다.

나는 수많은 사람의 눈을 통해 나를 보았다.

내가 고객이라 불렀던 사람들,

함께 웃고 싸우던 동료들,

그리고 끝내 떠나보내야 했던 이들.

   밥은 먹고 다니냐 - '사람'을 남긴다는 것

그들이 내 인생의 문장 속에 남았다.
그들의 이름이 사라져도,
그날의 온기와 냄새는 내 기억 속에 남아 있었다.

어느 날 문득 나는 깨달았다.
나는 회사를 경영한 것이 아니라,
사람들의 마음을 경영해온 것이었다.
성공은 시스템이 아니라 감정의 산물이었다.
숫자와 성과, 그 모든 계산 뒤에는
늘 누군가의 땀과 기다림이 있었다.
그걸 놓친 순간, 조직은 흔들렸다.
나는 그 흔들림 속에서
다시 사람으로 돌아오는 법을 배웠다.

이 책은 회고록이면서, 동시에 안내서다.
나의 실패와 성공, 내 안의 어둠과 빛을
숨기지 않고 드러내려 한다.
나는 단 한 줄의 문장이라도
누군가의 삶을 잠시 멈추게 할 수 있기를 바란다.
그리고 그 멈춤이,
그 사람에게 새로운 방향이 되기를 바란다.

나는 믿는다.

글은 결국 '사람의 온도'를 닮아야 한다고.
이 책의 문장 하나하나가
읽는 이의 마음에 닿을 수 있다면,
그것은 나의 언어가 아니라,
내가 지나온 삶의 냄새일 것이다.

2막 上. 나를 부줬던 시대, 나를 빚은 사람들

"시대는 사람을 시험하고, 사람은 그 시대를 증언한다."

나는 가난한 시대에 태어났다.
그 시절엔 '노력'이라는 단어가 지금보다 훨씬 단단했고,
'성공'은 그저 살아남는 것과 거의 같은 뜻이었다.
모두가 무엇인가를 잃었고, 모두가 다시 시작해야 했다.
누군가는 땅을 일구었고, 누군가는 꿈을 꾸었다.
나는 일찍부터 '살아남기 위해 일해야 한다'라는 사실을 배
웠다.

학교보다 현장이 더 컸고,
교과서보다 사람 땀 냄새가 더 깊은 시대였다.
나는 늘 두 손으로 배우며 살았다.
누가 가르쳐주지 않아도 익혀야 했고,

   밥은 먹고 다니냐 – '사람'을 남긴다는 것

넘어지면 스스로 일어나야 했다.

그것이 나의 시대의 문법이었다.

IMF의 한가운데서,

나는 청춘의 절반을 불태웠다.

모든 것이 무너졌고,

심지어 '내일'이라는 단어마저 믿기 어려운 시절이었다.

사업은 하루아침에 끊겼고,

함께 웃던 동료들은 각자의 생존을 위해 흩어졌다.

전화벨이 울리면 가슴이 철렁했고,

은행 창구의 서류 한 장이 내 운명을 결정짓던 시절이었다.

그런데 이상하게도,

그 절망 속에서 나는 '사람'을 다시 배웠다.

누군가는 떠났지만,

누군가는 남았다.

그리고 남은 사람들의 눈빛은

돈보다 따뜻했고, 두려움보다 단단했다.

그때 나는 알았다.

사업이란, 결국 사람의 온기로 유지된다는 것을.

그때의 나는 숫자보다 표정을 먼저 읽었고,

계약서보다 마음을 먼저 챙겼다.

그것이 나를 다시 살렸다.
그것이 내가 오늘까지 버틸 수 있었던 이유였다.

나는 실패를 통해 배웠고,
그 실패는 나를 겸손하게 만들었다.
겸손은 나를 다시 사람들 곁으로 데려다주었다.
성공의 자리에서는 보이지 않던 얼굴들이
실패의 골목에서는 손을 내밀었다.
그때 나는 진심이 얼마나 귀한지를 배웠다.
사람이 진심으로 누군가를 도울 때
거기에는 이익이 아니라, 마음의 울림이 남는다.

세월이 흘러 그때의 사람들을 다시 떠올려본다.
그들의 얼굴은 지금도 선명하다.
그들은 내게 무엇을 주었는가?
그들은 내게 '사람의 무게'를 가르쳐주었다.
나는 그들의 손끝에서
인생의 가장 단단한 교훈을 받았다.

나는 지금도 가끔 그 시절의 나에게 말을 건다.
"너는 참 많이 버텼다.
그리고 참 많이 잃었지만, 결국 더 단단해졌다."
그 시절이 없었다면 나는

리더십을 논할 자격도,
사람을 논할 용기도 없었을 것이다.

나는 IMF를 통과하며,
'경영'이라는 단어의 의미를 새로 썼다.
경영은 수익이 아니라 생존의 윤리였다.
살아남는다는 것은 단지 유지하는 것이 아니라,
지키고 나누는 일이었다.
그래서 나는 그때부터 '혼자 먹는 밥'보다
'함께 먹는 밥'을 더 소중히 여기기 시작했다.
그 한 끼의 의미가 나를 지금까지 이끌었다.

그 시절 나는 몰랐다.
내가 나중에 '공동체'라는 단어를 평생 품게 될 줄은.
그때의 밥상, 그때의 온기,
그때 함께했던 이름 없는 사람들의 얼굴이
내 철학의 뿌리가 될 줄은.

나는 지금도 그 시절을 떠올리면
눈시울이 뜨겁다.
그것은 슬픔이 아니라, 감사의 온도다.
삶은 나를 부쉈지만, 그 부서짐 속에서
나는 진짜 나를 만났다.

"길은 늘 낯설게 바뀌지만, 묻는 사람의 마음은 언제나 같다."

그 시절 이후 나는 종종 '길'을 생각했다.

사람이 가는 길, 일이 가는 길, 그리고 마음이 가는 길.

누군가는 성공의 길을 묻고,

누군가는 행복의 길을 묻고,

나는 단지 의미의 길을 물었다.

그 질문은 세월이 흘러도 나를 놓아주지 않았다.

무엇을 위해 일하는가,

누구를 위해 사는가,

무엇을 남기며 떠나는가.

이 세 문장은 내 인생의 축이었다.

사람은 모두 자기만의 사전을 가지고 살아간다.

그 사전 속의 '행복'은 누군가의 희생으로 쓰일 때가 많고,

'성공'은 때로 사랑을 밀어내며 만들어진다.

나는 그 모순 속에서 오래 헤맸다.

그러나 이제는 안다.

삶의 진짜 의미는

내가 얻은 것이 아니라,

내가 잃지 않은 것 속에 있었다는 것을.

사람들은 시대가 변하면 가치도 바뀐다고 말한다.
하지만 나는 믿는다.
가치는 변하지 않는다.
단지 그 가치를 지켜내는 방식이 달라질 뿐이다.
내가 젊었던 시절의 윤리와
지금 내가 후배들에게 말하는 윤리의 본질은 같다.
"사람을 먼저 생각하라."
그 한 문장이 내 인생의 경영 원칙이었다.

그 원칙은 종종 비효율적이었고,
때로는 손해처럼 보였다.
그러나 이상하게도,
그 길 끝에는 늘 사람이 있었다.
사람이 다시 나를 살렸다.

나는 숫자보다 온도를 믿는다.
성과보다 관계를 믿는다.
그리고 무엇보다,
말보다 행동을 믿는다.
그 믿음이 내 삶을 지탱했다.

나는 언젠가 이런 말을 한 적이 있다.
"리더란, 자기 목소리보다
타인의 고요를 더 크게 듣는 사람이다."
그것은 나의 신념이자, 내 실패의 교훈이었다.
내가 누군가의 말을 듣지 못했을 때,
늘 문제가 생겼다.
그리고 누군가의 침묵 속에서 귀 기울일 때,
항상 길이 열렸다.

그래서 나는 여전히 배운다.
배움이란 교실에서 일어나는 일이 아니라,
관계 속에서 일어나는 일이다.
누군가의 삶에 귀 기울이는 그 순간,
우리는 이미 배우고 있다.

이제 나는 묻는다.
시대는 나를 어디로 이끌었는가?
그 답은 단순하다.
시대는 나를 사람 곁으로 데려다주었다.
그곳에서 나는 일의 의미를,
리더십의 본질을,
그리고 인생의 존엄을 배웠다.

　밥은 먹고 다니냐 - '사람을 남긴다는 것

내가 만든 모든 사업의 바탕에는
'사람을 위한 일'이라는 한 줄이 있었다.
그 한 줄이 모든 실패를 견디게 했고,
모든 성공을 겸손하게 만들었다.
그것이 내가 지금도 이 길을 걷는 이유다.

이제 나는 과거를 바라보며
이야기의 줄을 천천히 매만진다.
그 줄은 얇지만 끊어지지 않았다.
그것은 내가 살아온 증거이며,
내가 여전히 배우고 있다는 징표다.
나는 여전히 길 위에 있다.
다만 이제는,
달리는 대신 걸으며 본다.
말하는 대신 듣고,
쌓는 대신 남긴다.

그것이 나를 완성해가는 방식이다.
그리고 이 책은,
그 완성의 한 페이지다.

<h2 style="text-align:center">3막. 다시 일어서는 법</h2>

"쓰러지는 것은 실패가 아니다.
 다시 일어서지 못할 때 우리는 비로소 자신을 잃는다."

인생의 어느 순간부터 나는 넘어지는 법보다

다시 일어나는 법을 더 오래 배워왔다.

쓰러지는 것은 순간이지만,

일어서는 것은 과정이었다.

그리고 그 과정은 언제나 고통과 고독을 동반했다.

젊은 시절의 나는 실패를 부끄러워했다.

실패는 무능의 증거 같았고,

실패한 사람은 세상의 가장자리에 서는 것 같았다.

그러나 시간이 흘러 깨달았다.

실패는 부끄러움이 아니라,

인간의 숙명이라는 것을.

아무도 실패를 피할 수 없다.

우리가 할 수 있는 일은

그 실패 속에서 '무엇을 버릴지'와 '무엇을 지킬지'를 결정하
는 일뿐이다.

나에게는 그 판단이 늘 늦었다.

나는 버려야 할 것을 붙들었고,
지켜야 할 것을 놓쳤다.
그리고 그 대가로 나는 오래 아팠다.

하지만 돌이켜보면 그 아픔은 나를 단단하게 만들었다.
그 아픔이 없었다면
나는 여전히 허영의 그림자 안에서
'나'를 잃은 채 살았을지도 모른다.

나는 무너진 자리에서 나를 다시 세우기 위해
오래 걸었다.
길 위에서 만난 사람들은
각자의 상처를 안고 있었고,
그 상처를 덮기보다
함께 들여다보려고 애쓰는 이들이었다.
나는 그들 속에서
'회복'이라는 단어의 진짜 의미를 배웠다.

회복은 회귀가 아니다.
그것은 다시 옛날로 돌아가는 일이 아니라,
새로운 시선으로 같은 자리를 바라보는 일이다.
나는 그 깨달음을 얻은 순간
과거를 미워하지 않게 되었다.

과거는 나를 다치게 했지만,
동시에 나를 이 자리로 이끌었다.

나는 종종 내 인생을
하나의 긴 계단으로 본다.
계단은 곧게 뻗지 않는다.
굽이치고, 휘고, 다시 꺾인다.
어떤 날은 오르막이고, 어떤 날은 내리막이다.
그러나 중요한 것은
그 계단이 아직 끝나지 않았다는 것이다.

어느 날, 나는 한 후배의 질문을 받았다.
"선배님, 그렇게 많이 부서지고도
다시 시작할 수 있었던 이유가 무엇입니까?"
나는 잠시 침묵했다가 이렇게 말했다.
"사람 때문이다."
그 대답은 진심이었다.

사람이 없었다면
나는 다시 일어서지 못했을 것이다.
누군가의 위로, 누군가의 믿음,
누군가의 침묵이 나를 일으켰다.
때로는 아무 말 없는 손의 온기가

   밥은 먹고 다니냐 – '사람'을 남긴다는 것

가장 큰 격려가 되었다.
그 온기를 잊지 않으려
나는 지금도 사람을 남긴다.

다시 일어서는 법은
결국 '사람을 잃지 않는 법'이었다.
이 단순한 진실을 깨닫기까지
나는 너무 많은 계절을 통과해야 했다.

나는 이제 더 이상
성공의 높이로 사람을 재지 않는다.
대신 얼마나 많은 사람과 함께 웃었는지,
얼마나 오래 신뢰를 지켰는지로
내 인생을 평가한다.

그 기준으로 본다면
나는 여전히 배우는 중이다.
나는 완성되지 않았다.
그렇기에 오늘도 글을 쓰고,
오늘도 사람을 만난다.

무너지고, 다시 일어서고,
또다시 걸어가는 이 순환 속에서

나는 비로소 인간이 되어간다.

이것이 내가 배운 '다시 일어서는 법'이다.

4막. 글을 쓰는 이유 - 남김과 사명

"글은 내가 사라진 후에도 내 마음이 남아 있을 수 있는 유일
한 그릇이다."

나는 왜 글을 쓰는가.

이 질문은 단순한 궁금증이 아니라,

매일 나를 흔들어 깨우는 존재의 물음이었다.

나는 한동안 '살아남는 일'에 모든 에너지를 쏟았다.

그리고 이제는 '남기는 일'에 마음을 기울이고 있다.

살아남는 것은 나의 몫이었지만,

남기는 것은 다음 세대의 몫이기 때문이다.

나는 그들에게 단지 한 사람의 성공담을 들려주고 싶지 않다.

나는 그들에게 '삶의 방향'을 남기고 싶다.

글은 나에게 복종하지 않는다.

글은 언제나 나를 시험한다.

나는 내 문장을 쓰는 것이 아니라,

내 문장이 나를 다시 쓰게 만든다.
한 문장을 완성할 때마다,
나는 한 겹의 허영을 벗는다.
그 벗김의 끝에 남는 것은, 결국 '진심'뿐이다.

나는 이 책을 통해
화려함이 아닌 지속을,
속도가 아닌 방향을,
그리고 말이 아닌 삶을 남기고자 한다.
그것이 내가 세상에 빚진 방식이자,
내가 나 자신에게 지키고 싶은 약속이다.

나는 많은 세월 동안
수많은 사람의 이야기를 들었다.
성공한 사람의 목소리,
무너진 사람의 침묵,
그리고 아무도 모르는 이들의 숨결.
그 이야기가 모여 나의 언어가 되었다.
그래서 나는 지금, 내 이야기를 쓰지만
이 책은 '나'의 책이 아니다.
'우리'의 책이다.
이 책에는 시대의 얼굴이 있고,
이름 없는 사람들의 체온이 있다.

나는 언젠가 이 글을 다시 읽을 후배가
이 문장들 사이에서 길을 잃지 않기를 바란다.
삶이라는 길 위에서
잠시 멈추어 쉬는 순간이 얼마나 귀한지를
그들도 언젠가는 알게 되리라 믿는다.

나는 글을 쓸 때마다
한 번 더 '나'를 본다.
그것은 고백이자, 정화의 과정이다.
글은 나에게 거짓을 허락하지 않는다.
진심이 아닌 문장은 금세 무너진다.
그래서 나는 천천히, 오래 쓰기로 했다.
한 문장을 쓸 때마다
그 안에 내 삶의 냄새가 배어나도록.
그 문장이 내 손을 떠난 뒤에도
누군가의 가슴에 닿을 수 있도록.

이 책이 다루는 모든 주제, 일, 사람, 책임, 사랑,
실패, 그리고 회복,
이 모든 것은 결국 하나의 문장으로 수렴된다.

"나는 사람을 믿는다."
 그 믿음이 흔들리지 않는 한,

나의 글은 끝나지 않을 것이다.

이제 나는 안다.
이 책이 완성되는 순간이
끝이 아니라 시작이라는 것을.
글은 종이 위에 머무르지 않는다.
글은 읽는 이의 마음에서 다시 살아난다.
그 순간, 이 책은 더 이상 나의 것이 아니다.
그때부터 이 책은, 세상의 것이다.

그리고 나는 그저 조용히 미소 짓는다.
누군가의 손끝에서 이 문장을 만나
그 사람의 하루가 조금 더 따뜻해진다면,
그것으로 충분하다.

이것이 내가 글을 쓰는 이유다.
그 어떤 계산도, 그 어떤 명예도 아니다.
그저 '남기고 싶다'는 본능,
'잊히지 않고 싶다'는 간절함,
'다음 세대에게 바통을 넘기고 싶다'는 책임감.
그것이 나를 매일 이 자리로 불러 세운다.

글을 쓴다는 것은 결국,

사라지는 나를 천천히 남기는 일이다.
나는 오늘도 그 사라짐의 아름다움을 믿는다.
그리고 그 믿음으로 다시 한 줄을 쓴다.

5막. 회고의 결론

"끝을 아는 자만이, 진정한 시작을 쓸 수 있다."

나는 이제 긴 호흡의 서문을 덮으며 생각한다.
인생이란 결국 한 편의 서문과 같다는 것을.
누군가에게는 아직 시작되지 않은 이야기,
누군가에게는 이미 지나간 장면.
그 사이에서 나는,
아직도 배우고, 여전히 써 내려간다.

세상은 빠르게 변하고,
사람들은 더 빠르게 잊는다.
하지만 나는 믿는다.
기억하려는 자가 남고,
기억되는 자가 세상을 바꾼다는 것을.

내가 살아온 길 위에는

　밥은 먹고 다니냐 – '사람'을 남긴다는 것

수많은 실패와 수많은 이름 없는 사람들의 손길이 남아 있다.

그 손들이 나를 일으켰고,

그 발자국들이 내 문장을 만들었다.

그래서 나는 감히 말할 수 있다.

나는 혼자가 아니었다고.

그리고 이 책 또한, 나 혼자 쓴 것이 아니라고.

나는 이제 서문을 닫으며

한 가지의 진실만을 남기려고 한다.

삶이란, 결국 관계의 총합이라는 것.

나를 만든 것은 사건이 아니라 사람이고,

나를 견디게 한 것은 성공이 아니라 신뢰였다.

그 신뢰의 온기를 나는 이 책 곳곳에 남기려 한다.

누군가는 이 책을 자기계발서라 부를 것이다.

그러나 나는 이것이 단순한 '성장'의 책이 되기를 원치 않는다.

이 책은 '존재'의 기록이어야 한다.

한 인간이 일하고, 사랑하고, 실망하고, 다시 일어서는 과정
속에서

무엇을 놓치지 말아야 하는지에 관한 이야기.

그것이 내가 쓰고 싶은 단 하나의 주제다.

나는 지금도 글을 쓸 때마다

한 사람의 얼굴을 떠올린다.
그 얼굴은 내 어린 날의 나이기도 하고,
지금 이 글을 읽을 누군가이기도 하다.
그 얼굴에 미소가 피어난다면,
그것으로 나는 족하다.

이제 나는 펜을 내려놓으며,
긴 여정의 첫머리를 마감한다.
서문은 끝났지만, 이야기는 이제 시작이다.
나는 이 책이 세상의 수많은 밤 속에서
누군가의 새벽이 되기를 바란다.

그 누군가가
이 문장 사이에서 잠시 멈춰 숨을 고르고,
자신의 길을 다시 묻는다면,
그것이 바로 내가 글을 쓴 이유일 것이다.

나는 이제 책을 세상에 건넨다.
이 책이 내 손을 떠난 순간부터
그것은 더 이상 내 것이 아니다.
이제 그것은, 당신의 것이다.

성 제

차 례

3부 생각의 힘, 신념의 구조

1부

나의 이야기

1장

흙에서 피어난 사람

나는 시골에서 자라지 않았다. 태어난 곳은 부여였지만,
너덧 살 무렵 부모님을 따라 서울로 올라와 대부분의 유년을 도시에서 보냈다.
그래서 내 기억 속 흙은 논두렁의 일상이 아니라,
방학마다 내려가던 짧은 여름의 향기다.

같은 동네에 살던 친할머니와 외할머니댁, 사촌 형제자매들, 해질 녘 골목을 메우던 웃음소리.
그 장면들이 내 마음속 고향의 원형이 되었다.
서울의 회색 벽 사이에서도, 나는 그 여름의 바람으로 자랐다.
흙은 장소가 아니라 사람의 온도였다는 것을, 나는 조금 일찍 알았다.

그 시절, 우리 가족은 많지도 적지도 않은 여섯 식구였다.
아버지와 어머니, 누나 둘, 여동생 하나, 그리고 나.

나는 그들 사이에서 늘 남자로서는 장남이자 유일한 아들이
었다.
집 안에는 늘 여자들의 웃음소리가 넘쳤고,
그 속에서 나는 세상에서 가장 따뜻한 온도를 배웠다.

누나들은 언제나 나를 감싸 안았고, 어머니는 손끝으로 집안을
지탱했다.
아버지는 말수가 적었지만, 퇴근 후 벗어놓은 작업복 냄새 속에
가장의 성실함이 배어 있었다.

나는 그 품속에서 자라며 알았다.
사람의 크기는 말의 크기가 아니라, 책임을 다하는 손의 무게로
결정된다는 것을.

나는 유난히 집이라는 공간을 좋아했다.
그곳은 세상의 중심이었고, 아버지의 땀과 어머니의 손길로 만
들어진 가장 안전한 세계였다.
저녁이면 가족이 한자리에 모여 밥을 먹었다.
밥상 위에는 반찬이 많지 않았지만, 대화와 웃음이 양념이 되어
배가 고팠던 적은 없었다.
그 시절의 밥상은 단순한 식사가 아니라,
가족이 서로의 하루를 확인하는 의식(儀式) 같은 것이었다.

　밥은 먹고 다니냐 - '사람'을 남긴다는 것

누나들은 사소한 일에도 나를 감싸주었고,

어머니는 한결같이 '네가 잘되길 바란다'라며 내 머리를 쓰다듬었다.

그 손길이 지금도 내 마음 한구석을 지탱한다.

그때의 나는 몰랐다. 그 따뜻한 손이 얼마나 귀한지를,

그리고 그것이 나의 인생 밑바닥에 깔릴 '온도의 기준'이 될 것이라는 것을.

학교에서 나는 언제나 성실한 아이였다.

늘 노트를 정리했고, 한 번도 지각하지 않았다.

선생님께서 "성실함은 재능보다 강하다"라고 말할 때마다,

나는 그 말이 나를 위한 축복처럼 들렸다.

가난이 나를 위축시키지 못한 이유는,

그 말이 내 안에서 자존감으로 번역되었기 때문이었다.

나는 어릴 적부터 책 냄새를 좋아했다.

누나들이 읽던 잡지의 활자 사이에서, 세상이 조용히 열리는 소리를 들었다.

교과서는 정답을 가르쳤고, 책은 질문을 가르쳤다.

나는 그 질문들이 좋았다.

모르는 것을 그대로 두지 않으려는 마음, 그 마음이 나를 움직였다.

초등학교에서 나는 늘 정돈된 공책을 제출했다.
선생님께서 "성실함은 재능보다 강하다"라고 말하던 날,
그 말이 내 안의 습관이 되었다.
집으로 돌아오는 길, 골목길의 바람이 다르게 느껴졌다.
나는 크고 화려한 사람보다 오래가는 사람이 되고 싶었다.

중학교에 올라가서도 상위권을 유지했다.
그때의 나는 배움보다 '인정'을 더 원했을지 모른다.
하지만 인정은 내 발목을 잡지 않고, 오히려 뿌리가 되었다.
도서관의 긴 책장 앞에 서면 마음이 안정되었다.
세상은 복잡했지만, 활자 속에서는 길을 잃지 않았다.

가난은 조용한 그림자처럼 따라다녔다.
새 참고서를 사지 못하는 날도 있었지만,
나는 가진 것을 오래 읽었다.
해진 모서리가 손에 익을 때까지 밑줄을 그었다.
그렇게 익힌 한 문장은, 그 어떤 새 책보다 깊게 남았다.

나는 그 시절, 중요한 사실 하나를 배웠다.
배움은 남을 이기기 위한 무기가 아니라,
나를 지키는 방패라는 것을.
혼자 있는 밤, 책을 펴면 세상이 조금 덜 무서웠다.
그 방패가, 훗날 내 삶의 첫 언어가 되리라곤 그때는 몰랐다.

삶은 늘 결과보다 과정을 먼저 보여주었다. 그때 나는 몰랐다.

내가 그토록 열심히 외우던 공식들이 훗날 인생의 방정식으로 이어질 줄을.

노트 한 권을 다 채울 때마다 내 안의 성실함도 한 겹 더 쌓여갔다.

그 성실함이 언젠가 나를 지탱해줄 줄 그때는 몰랐다.

하지만 세상은 언제나 예측 밖이었다.

고등학교 1학년, 성적표보다 더 큰 충격은

'세상엔 나보다 잘하는 사람이 많다'라는 깨달음이었다.

그 사실은 쓰라렸지만, 나를 현실로 이끌어주었다.

그날 이후 나는 '최고'가 아니라 '끝까지 가는 사람'이 되고 싶었다.

고등학교에 들어서면서 나는 처음으로 흔들렸다.

세상은 갑자기 넓어졌고, 나 자신은 그 안에서 작아졌다.

공부는 여전히 할 수 있었지만, 의욕이 자꾸만 바닥을 드러냈다.

누군가의 시선보다 내 감정이 더 커졌고, 교실보다 창문 밖 하늘이 더 궁금했다.

그 시절의 나는 반항과 혼란 사이에 서 있었다.

아버지의 말이 부담스러웠고, 어머니의 걱정이 잔소리로 들렸다.

하지만 지금 돌아보면, 그것은 철이 덜 들어서가 아니라,

세상과 마주 서기 위한 자아의 발아기(發芽期)였다.

그 시절, 그러니까 고등학교 2학년 겨울 방학, 내 마음을 흔든
건 한 여학생이었다.

그녀는 내 인생의 첫 '동기부여'였다.

처음으로 누군가에게 인정받고 싶다는 마음,

그 감정이 공부보다 강한 힘이 되었다.

나는 고3이 되자 하루 4시간만 자며 책상에 앉았다.

그때 처음, 노력의 결과가 기적처럼 나타나는 순간을 경험했다.

그해 나는 서울의 4년제 대학에 합격했다.

대학에 들어온 첫해, 1983년 3월,

나는 자유라는 이름에 취해 있었다.

아무도 나를 통제하지 않았고, 무엇을 하든 나의 선택이었다.

하지만 자유는 달콤하지 않았다. 그것은 방향을 잃은 풍선 같았다.

그 시절, 나는 고등학교 2학년 때 만났던 한 여학생을 좋아했다.

그녀는 내 세상의 중심이었고, 그 시절의 나를 살아 있게 한 이
유였다. 하지만 사랑은 오래가지 않았다.

짧은 시간 동안 나는 웃었고, 그보다 더 오랜 시간 동안 울었다.

그녀와의 이별은 나를 무너뜨렸다.

나는 회피하듯 군대를 택했다.

　도망치고 싶었고, 내 마음을 정리할 방법이 그것뿐이었다.

　군대라는 공간은 냉혹했지만, 그 안에서 나는 다시 나를 바라보는 법을 배웠다.

　세상은 여전히 차가웠지만, 나는 조금씩 단단해지고 있었다.

　이별의 아픔이 내 안의 공허를 파고들었지만, 그 자리는 시간이 지나 나를 일으켜 세우는 새로운 뿌리가 되었다.

　군 복무는 내게서 많은 것을 빼앗았고, 동시에 많은 것을 남겼다.

　처음 몇 달은 규율에 몸을 맞추느라 하루가 길었다.

　말의 속도를 줄이고, 걸음의 보폭을 맞추고, 아침을 버티는 법을 배웠다.

　그 시간 동안 나는 나 자신에게 조용히 책임을 지는 법을 익혔다.

　누가 보지 않아도 각을 맞추고, 아무도 칭찬하지 않아도 끝까지 해내는 일.

　그 단순한 반복이 내 안의 흔들림을 조금씩 고요로 바꾸었다.

　나는 공군 수송병이었으나 졸병 때는 헌병들과 함께 기지 외곽 밤 경계근무를 섰었다.

　그때, 나는 종종 도시의 불빛을 떠올렸다.

　고단한 하루 끝에 집으로 돌아오던 아버지의 발걸음,

　늦은 시간까지 손을 멈추지 않던 어머니의 뒷모습,

　그 사이에서 잠들던 여동생의 숨소리.

나는 그 소리를 세어가며 새벽을 건넜다.

가정은 멀리 있었지만, 그 기억의 온기가 내 마음을 데웠다.

그 온기가 없었다면, 나는 더 빨리 지쳐버렸을 것이다.

군대에서 배운 것은 용맹보다 질서였다.

질서는 나를 구속하는 틀이라기보다 오히려 나를 지켜주는 울타리였다.

자고 일어날 시간, 먹을 시간, 움직일 시간이 정해져 있다는 것은 생각보다 큰 위로였다.

내가 나를 방치하지 못하게 하는 힘, 그것이 질서의 본질이었다.

훗날 일터와 가정에서 내가 지켜낸 작은 성실들은 바로 그 울타리에서 시작되었다.

제대가 다가오자, 나는 복학을 생각했다.

하지만 마음 한구석에서는 여전히 이별의 빈자리가 자랐다.

그 공백은 오래된 흉터처럼 말없이 아팠다.

나는 그 자리를 서둘러 메우려 하지 않았다.

대신 단단한 일상으로 덮어보기로 했다.

아침에 일어나 침대를 정리하고, 운동장을 돌고,

책을 펼쳐 한 장, 한 장 밑줄을 그었다.

몇 달이 지나자, 그 빈자리는 완전히 사라지진 않았지만

견딜 만한 형태를 갖추었다.

복학 첫날, 나는 도서관에 가장 먼저 갔다.

문이 열리자마자 들어가, 제일 안쪽 창가 자리에 앉았다.

햇살이 책상 위로 기울어 내려오고, 먼지 입자들이 빛 속에서 떠다녔다.

한때는 그 빛이 애잔했는데, 그날은 이상하리만큼 따뜻했다.

나는 그 빛 속에서 다시 시작할 수 있겠다고 생각했다.

오래 멈춰 있던 시계가 다시 움직이기 시작한 느낌, 그것이 복학의 첫인상이었다.

공부는 예전보다 어려웠다.

단순히 머리가 굳어서가 아니라, 이제는 삶의 실감이 늘어

글자 하나에도 멈추어 생각하는 시간이 길어졌기 때문이다.

나는 서두르지 않기로 했다.

하루 4시간 자던 고3 때의 방식이 아니라,

꾸준히, 오래, 깊게 가는 방식을 선택했다.

도서관에서 나를 스쳐 지나가던 수많은 뒷모습을 보며 나는 결심했다.

"누가 보든 말든, 오늘의 나는 어제의 나보다 조금 더 단단하게."

복학 후의 내 일상은 작았고, 그래서 강했다.

수업이 없는 시간에는 학과 게시판의 공지사항을 빠짐없이 읽고,

필요한 자격증 요건을 메모했다.

밤에는 새로 배운 개념을 내 말로 바꿔 노트에 적었다.

남의 말이 내 말이 되는 순간, 지식은 비로소 내 것이 되었다.
그 감각이 좋았다. 공부는 더 이상 경쟁의 무기가 아니라,
나를 지키는 방패로 기능하기 시작했다.

가끔은 캠퍼스 벤치에 앉아 오래 하늘을 올려다보았다.
모든 게 바쁘게 움직이는 세상에서,
가만히 하늘만 바라보는 일은 사치처럼 보였다.
하지만 그 시간만큼은 누구에게도 양보할 수 없었다.
그것은 마음의 온도를 재조정하는 작은 의식이었다.
나는 그 의식 덕분에 과로의 벽 앞에서 멈출 수 있었고,
멈춘 덕분에 다시 오래 달릴 수 있었다.

복학 후 첫 아르바이트는 서울의 한 갈빗집에서 접시를 닦는
일이었다.
오래 서 있어야 했고, 물과 기름에 손이 불었다.
힘들었지만, 나는 그 시간에 대해 변명하지 않기로 했다.
내가 택한 일이었고, 그 선택의 결과였다.
무엇보다 땀의 대가가 정직하다는 사실이 좋았다.
거품도, 포장도, 요행도 없었다.
그 시간에 나는 '일의 품위'라는 말을 처음으로 이해했다.

아르바이트를 마치고 돌아오는 밤길, 나는 자주 내 삶의 우선
순위를 떠올렸다.

일보다 사람이 먼저,

성과보다 과정이 먼저,

속도보다 방향이 먼저.

이 세 줄의 문장은 그날 이후 내 노트 첫 페이지에 항상 적혀 있다.

적을수록 흔들림이 줄었다.

삶이 무엇을 빼앗아가도, 우선순위만은 스스로 지킬 수 있었다.

복학한 지 반년쯤 지났을 때, 나는 거울 앞에 서서 조용히 말했다.

"이제는 도망치지 말자."

그 문장은 내 삶의 새로운 출발선이 되었다.

나는 과거를 훔쳐보지 않고, 앞으로 걸었다.

아무도 모르는 작은 결심들이 오래가는 힘을 만들었다.

그 힘이 훗날 나를 일터로, 가정으로, 그리고 나만의 길로 데려 갔다.

군을 제대하고 사회로 돌아왔을 때, 세상은 이미 달라져 있었다.

거리에 붙은 간판들이 바뀌었고, 사람들의 표정은 조금 더 바빴다.

그 사이에서 나는 다시 한번 '처음'을 맞이해야 했다.

스무 살 후반의 나는 더 이상 학생이 아니었지만,

어른이라 부르기에도 어딘가 어색한, 그 경계의 시간 속에 서 있었다.

첫 취업은 보건사회부(현재 보건복지부) 산하의 한 협회였다.

처음으로 '직원'이라는 명함을 받았을 때의 묘한 떨림을

나는 아직도 기억한다.

그 종이 한 장이 내게 사회의 문턱을 열어준 동시에,

책임이라는 단어의 무게를 가르쳐주었다.

내가 맡은 일은 홍보 영상 촬영과 편집,

그리고 기관의 사업을 대중에게 알리는 일이었다.

처음에는 그저 흥미로웠지만, 나는 곧 깨달았다.

세상은 누가 열심히 일하느냐보다, 누가 더 진심으로 일하느냐를 본다.

협회의 일상은 화려하지 않았다. 회의와 보고, 촬영과 편집이 반복되는 날들이었다.

그 속에서 나는 사람을 배우고, 조직을 배웠다.

윗사람의 말보다 옆자리 동료의 한숨이 더 많은 것을 알려주었다.

그 한숨 속에는 일의 고단함과 인간의 품위가 동시에 들어 있었다.

그때 나는 깨달았다. 일은 단순한 생계의 수단이 아니라,

한 인간이 세상과 관계를 맺는 첫 언어라는 것을.

그 언어를 어떻게 말하느냐에 따라 인생의 문장이 달라진다는 것을.

그 시절을 떠올리면, 내 삶의 배경음은 늘 일정했다.

아침의 버스 소리, 점심의 서류 넘기는 소리, 그리고 퇴근길 자판기 커피가 떨어지는 소리.

그 모든 소리가 내 하루의 리듬을 만들었다.

나는 그 리듬을 사랑했다. 단조로워도 좋았다.

그 안에서 나는 세상을 배우고, 나 자신을 확인했다.

시간이 흐르며 나는 조금씩 알아갔다.

세상은 나를 중심으로 돌지 않지만,

내가 맡은 한 자리만큼은 세상을 바꿀 수 있다.

그 믿음 하나로, 나는 하루를 버티고 또 버텼다.

그것이 내 청춘의 전부였고, 돌아보면 그것만으로도 충분히 찬란했다.

직장 생활은 내게서 많은 것을 요구했고, 동시에 많은 것을 가르쳤다.

회의는 늘 정시에 시작하지 않았지만, 마감은 언제나 정시에 찾아왔다.

촬영은 계획보다 길어졌고, 편집은 계획보다 더 길어졌다.

그럼에도 불구하고, 완성된 영상이 현장에서 사람들의 표정 하나를 바꾸는 순간이 있었다.

그때 나는 배웠다. 일은 결과를 위해 존재하지만, 사람은 과정으로 성장한다는 것을.

현장의 공기는 늘 바빴다.

캠코더의 작은 뷰파인더 속에 세상을 담으며, 나는 세상의 속도를 배웠다.

장비가 무거울수록 마음은 가벼워야 했다. 예산이 부족하면 상상력을 꺼내야 했다.

누군가는 화려한 화면을 원했지만, 정작 사람을 움직이는 것은 진심이 배어 있는 한 장면이었다.

나는 가장 단순한 화면, 가장 조용한 인터뷰에서 종종 큰 울림을 보았다.

그 무렵 나는 아내를 만났다.

같은 협회에서 일하던 동료였고, 그녀의 말투와 눈빛은 늘 조용했지만 단단했다.

함께 점심을 먹으며 나눈 짧은 대화 속에서 나는 일보다 사람이 중요하다는 사실을 다시 한번 배웠다.

사랑은 그렇게 시작됐다. 가난했지만, 미래를 상상할 수 있는 용기가 있었다.

결혼은 내 인생의 또 다른 이정표였다.

나는 다시 선택했다. 안정이 아니라 진심으로 일할 수 있는 길을.

직장은 더 이상 나의 종착지가 아니었다.

그곳에서 배운 경험을 들고, 나는 세상으로 나아가려고 했다.

아무도 가르쳐주지 않았지만, 그때의 나는 이미 알고 있었다.

 밥은 먹고 다니냐 - '사람'을 남긴다는 것

"일은 나를 증명하는 말이며, 사람은 그 일을 통해 세상을 이해
한다"라는 것을.

시간이 흘러 나는 서울 소재 대학의 산업교육원(평생교육원)으
로 자리를 옮겼다.

그곳에서 나는 보육교사 양성 과정, 사진 취미 과정, 애니메이
션 전문가 과정을 맡아

운영부터 커리큘럼, 강사 섭외, 수강생 상담까지 전 과정을 책
임졌다.

하루가 짧았다.

강의실 불을 가장 먼저 켜고 가장 마지막에 끄는 사람이 내가
되었다.

서류를 정리하다 보면 달력이 한 장씩 떨어져나갔다.

그러나 그 떨어져나간 달력만큼,

사람들이 새로운 기술을 배우고 자존감을 회복하는 장면이 쌓
여갔다.

보육교사 양성 과정에서는

아이들의 눈높이에 맞춰 '가르친다는 것'의 본질을 배웠다.

지식 전달보다 중요한 것은 안전과 신뢰,

그리고 한 아이의 하루를 온전히 바라보는 마음의 자세였다.

사진 취미 과정에서는

사람들이 렌즈 뒤에서 자기 삶을 새로 보는 순간을 목격했다.

“선생님, 제가 찍은 사진 같지 않아요.”
그 말 속에는 믿기지 않는 자기 발견의 기쁨이 있었다.
애니메이션 전문가 과정에서는
팀 프로젝트를 통해 협업의 내구성을 익혔다.
재능이 다를수록 역할을 정교하게 나눠야 했고,
결과물을 위해 개인의 자존심을 잠시 내려놓는 법을 배웠다.

나는 그때 일의 품격을 두 가지로 배웠다.
첫째, 사람을 성장시켜야 하는 일만이 오래 남는다.
둘째, 결과의 질은 관계의 질을 닮는다.
강의실의 공기가 신뢰로 가득 찬 날,
수강생들의 결과물은 언제나 더 멀리 날아갔다.
나는 그 사실을 숫자나 보고서가 아니라,
사람의 표정으로 기록했다.

하지만 반복은 때로 사람을 닳게 한다.
6년.
강의 계획서가 계절처럼 돌아오고, 예산 보고서가 달처럼 차고
기울 무렵,
나는 내 마음이 천천히 마모되고 있음을 느꼈다.
일은 보람 있었지만, 내가 처음 품었던 이유가 흐릿해졌다.
나를 지탱하던 질문 “나는 왜 이 일을 하는가”가
서랍 속 어딘가에서 먼지를 뒤집어쓴 채, 오랫동안 열리지 않았다.

　밥은 먹고 다니냐 - ’사람’을 남긴다는 것

어느 저녁, 텅 빈 강의실에서 혼자 칠판을 닦다가 나는 문득 멈춰 섰다.

분필 가루가 공중에서 천천히 가라앉았고,

교탁 위에 놓인 출석부가 얇게 떨렸다. 그 순간 나는 알았다.

이제, 다음으로 건너가야 한다는 것을.

나의 성실을 다른 곳에,

나의 진심을 더 멀리 가게 할 새로운 그릇이 필요하다는 것을.

퇴사의 마음은 충동이 아니라 결심이었다. 나는 즉흥적이지 않았고, 도망치지도 않았다.

오히려 지난 6년 동안 배운 모든 것을 챙겨 넣어 다음 장으로 넘어갈 준비를 했다.

"사람을 성장시키는 일과 현장의 기술, 운영의 내구성, 관계의 질."

그 모든 것을 나의 이름으로, 나의 책임으로 해보고 싶었다.

누구도 보증해주지 않지만, 누구도 막을 수 없는 길.

나는 그 길을 선택하기로 했다.

집에 돌아와 아내에게 말했다.

"조금 무모할지 모르지만, 지금이 아니면 못 할 것 같아."

그녀는 잠시 내 얼굴을 보더니 고개를 끄덕였다.

"당신이 책임질 수 있다면, 나도 옆에서 책임질게."

그 한마디는 대출 승인서보다 더 든든한 보증이었다.

우리는 잠을 길게 이루지 못했다. 두려움과 기대가 교차하는 밤,

나는 오랜만에 미래를 설계하는 설렘을 느꼈다.

다음 날, 사직서를 냈다. 손끝이 아주 조금 떨렸지만, 마음은 흔들리지 않았다.

퇴사 후 빈 책상 앞에서, 나는 한참을 앉아 있었다.

컴퓨터를 켜고 끄는 간단한 동작조차 의미가 달라져 있었다.

이제부터는 내 손의 움직임이 곧 내 삶의 모양이 될 것이다.

나는 화이트보드에 세 개의 동그라미를 그렸다.

'사람' – '교육' – ' 현장'.

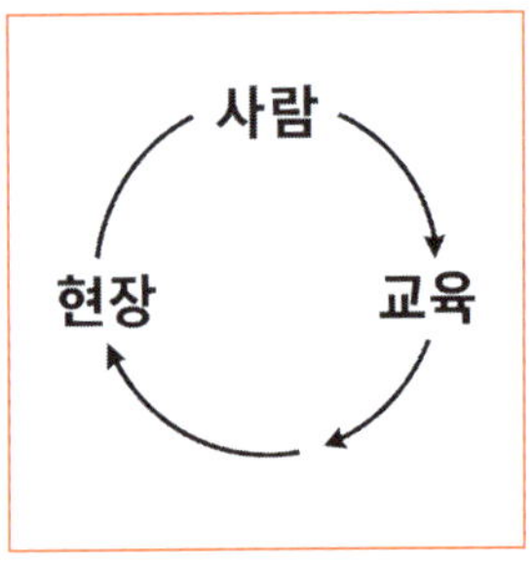

내가 할 수 있는 일, 내가 좋아하는 일, 그리고 세상이 진짜로 필요로 하는 일의 교차점.

그 교차점이 내 다음 장의 제목이었다.

나는 결정했다. '아이들의 배움'에서 시작하자.

교실에서 본 수많은 눈빛 중, 가장 크게 흔들렸던 것은 처음 배움을 만난 아이들이었다.

컴퓨터가 낯선 시대였지만, 아이들은 두려움보다 호기심이 더
빨랐다.

"선생님, 이거 눌러도 돼요?"

그 작은 질문은 한 사람의 미래를 여는 문장이었다.

나는 그 문장을 사회로 꺼내기로 했다.

유치원과 어린이집에 '어린이 컴퓨터 교육'을 제안했다.

그리고 그 제안은 내 인생의 새로운 문장을 열었다.

첫 영업, 첫 미팅은 서툴렀다. 제안서를 쥔 손에 땀이 났고,

원장님의 표정에서 수십 가지 판단을 읽어내려 애썼다.

하지만 내 말은 단순했다.

"아이들의 눈빛이 달라지는 순간을 만들고 싶습니다."

나는 시간표와 안전, 교구 관리와 부모 소통까지,

운영의 전 과정을 스스로 설계해 설명했다.

주춤하던 표정에 신뢰의 온기가 번졌다.

첫 계약이 성사되던 날,

나는 오래전 도서관 창가에서 보던 그 빛을 떠올렸다.

이제는 내가 그 빛의 주체가 되었다.

초기에는 모든 게 엉터리였고 계획이 없었다.

컴퓨터 교구를 타우너(소형트럭)에 싣고 다녔고,

수업이 끝난 뒤 학부모 질의응답을 하고,

밤에는 다음 수업 교안을 고치고 또 고쳤다.

수업의 키워드는 '집중'과 '경험'이었다.

아이들이 스스로 결과를 확인하고 기뻐할 때,

나는 교육이 사람의 마음을 어떻게 일으키는지를 현장에서 보았다.

이 성공 경험은 곧 '집중력 향상', '스피치', '세계 문화 체험 활동'으로 확장되었다.

아이들의 어휘가 확장될수록, 부모의 표정도 함께 밝아졌다.

사업이 진행되면서 식자재 공급도 관여하게 되었다.

처음에는 망설였지만, 현장을 알기에 품질과 동선을 더 정제할 수 있었다.

그리고 코로나 사태 이후에는 요양기관 대상 식자재 공급 사업도 진행하게 되었다.

유아교육기관과 요양기관의 요구는 달랐다.

아이들에게 필요한 것은 신선함과 안전,

어르신들께 필요한 것은 섭취의 편의와 영양의 균형이었다.

나는 도식화된 논리가 아닌, 사람의 몸과 생활에 맞춘 설계를 택했다.

공급망을 짜고, 검수를 표준화하고, 클레임 동선을 짧게 했다.

완벽하지는 않았지만, 해결의 속도만큼은 누구보다 빠르게 만들었다.

모든 일이 순조로웠던 것은 아니다. 실패도, 오판도 있었다.

　밥은 먹고 다니냐 – '사람'을 남긴다는 것

하지만 그때마다 내게 남은 것은 사람의 신뢰였다.

신뢰는 광고비보다 비싸고, 한번 얻으면 가장 오래가는 자산이었다.

나는 그 자산을 매일의 작은 약속으로 쌓았다.

시간을 지키고, 약속을 지키고, 결과를 지켰다.

그 세 가지가 내 명함의 뒷면이 되었다.

돌아보면, 대학 평생교육원에서의 6년은 내 사업의 근육을 만들어준 시간이었다.

교안 설계는 제품 기획이 되었고,

수강생 관리는 고객 경험이 되었으며,

강좌 운영은 서비스 오퍼레이션이 되었다.

나는 새삼 알았다. 사람을 성장시키는 일은 형태만 바뀔 뿐, 본질은 같다는 것을.

내가 하는 모든 일은 결국 사람에게 돌아왔다.

그 사실이 버거울 때도 있었지만, 그 사실 덕분에 오래 버틸 수 있었다.

처음 사업을 시작했을 때, 나는 세상의 중심에 서 있다고 믿었다.

모든 가능성이 내게 열려 있다고, 의지만 있다면 세상은 반드시 길을 내어줄 거라고.

그러나 세상은 그렇게 간단한 논리로 움직이지 않았다.

그것은 마치 낯선 도시의 지도처럼, 길은 있었지만, 방향을 아는 사람은 없었다.

　나는 낮에는 유치원, 어린이집 기관을 돌며 제안서를 들고 다녔고,
밤에는 교안과 예산표를 고쳐 썼다.
책상 위에는 늘 커피잔이 하나 있었고,
커피의 온도는 내 하루의 리듬을 대신했다.
그 온도가 식어갈수록, 내 마음은 뜨거워졌다.
"이 일이 나를 어디로 데려갈까."
그 물음은 매일 새벽까지 내 곁을 떠나지 않았다.

　첫 수업을 나가던 날, 나는 손이 떨렸다.
아이들이 나를 바라보는 눈빛 속에는
순수한 기대와 낯선 두려움이 동시에 있었다.
그들의 눈높이에 맞춰 말을 꺼내야 했다.
"애들아, 세상에는 버튼보다 큰 세상이 있단다."
그 말이 내 입에서 나올 때, 나는 가르침이라는 말의 진짜 무게
를 느꼈다.
　그것은 '지식을 전달하는 일'이 아니라 '세상과의 첫 대화를 돕
는 일'이었다.

　시간이 흐르면서 수업은 점점 늘어갔다.
　새로운 원이 추가될 때마다, 내 하루의 시작 시간은 조금씩 앞
당겨졌다.

차가운 새벽 공기 속을 걸으며 나는 자주 생각했다.

"오늘도 누군가의 인생의 한 장면을 만드는 하루가 되기를."

그 기도 같은 바람이 나를 움직였다.

그러나 이상하게도, 성공이 쌓일수록

내 안에서는 설명할 수 없는 공허함이 함께 자라났다.

아이들의 웃음이 내 귀를 울렸고,

학부모의 감사 인사가 내 마음을 덮었지만,

그 너머에는 늘 '더 깊은 의미에 대한 갈증'이 있었다.

내가 진정으로 하고 싶은 일은 단순한 수업 운영이 아니라, '사람이 성장하는 구조'를 설계하는 것이었다.

사업은 점점 확장되었다.

처음 시작한 '원더컴 어린이컴퓨터 교육'을 필두로

집중력 향상 콘텐츠, 스피치 프로그램, 세계 문화 체험 활동, 어린이 목공 체험 활동,

그리고 식자재 공급 사업. 분야마다 문제는 다르지만 본질은 같았다.

결국 사람을 이해하는 일이 모든 해답의 중심이었다.

스피치 프로그램을 보급할 때 나는 아이들의 눈을 관찰했다.

발음보다 더 어려운 것은 자기 목소리를 믿는 일이었다.

한 아이가 발표를 마치고 돌아서며 "선생님, 저 진짜 해냈어

요!”라며 웃을 때,

　그 웃음이 내 하루의 의미가 되었다.

　세계 문화 체험 활동 프로그램에서는

　언어가 다르고 문화가 달라도,

　놀이 속에서 사람은 모두 닮아 있다는 진실을 보았다.

　아이들이 전통 옷을 입고 낯선 음악에 몸을 맡길 때,

　나는 세상이 작아지고 마음은 커지는 순간을 느꼈다.

　그 경험은 내게 ‘교육의 정의’를 새로 써주었다.

　교육이란 정답을 가르치는 일이 아니라,

　다름 속에서 공감의 다리를 놓는 일이었다.

　식자재 공급은 또 다른 세계였다.

　식자재 사업 초창기 현장 체험이라는 기치 아래,

　냉장차의 문을 닫는 순간이 하루의 시작이었고,

　배송을 마친 손끝에서 하루의 무게가 느껴졌다.

　온도, 시간, 거리, 신뢰 모두 눈에 보이지 않지만

　그중 하나라도 어긋나면 모든 게 무너졌다.

　나는 그때 깨달았다.

　사업은 기술이 아니라, 사람의 마음을 잇는 일이라는 것을.

　그러나 모든 일이 그렇듯, 성장은 늘 새로운 벽과 함께 온다.

　매출이 늘면 원가가 따라오고, 고객이 많아지면 불만도 함께 자란다.

그 모든 것을 감당하면서 나는 배웠다.

리더십은 화려함이 아니라 책임의 총량이라는 것을.

그때 나는 종종 내 안의 또 다른 나에게 말했다.

"성제야, 잘 버텼다. 하지만 이제는 더 깊이 들어가야 할 때다."

그 시절의 나는 어쩌면 미숙했다. 그러나 미숙함은 배움의 다른 이름이었다.

실패는 내 교과서였고, 후회는 그 교재의 밑줄이었다.

때로는 고객의 불만에, 때로는 납품 지연에, 때로는 직원의 실수에 하루가 통째로 흔들리기도 했다.

그러나 이상하게도, 그 모든 순간이 지나고 나면

내 안에는 '더 강한 나'가 남았다. 고통은 나를 부수지 않았다. 오히려 나를 단단하게 빚어냈다.

그때의 나는 이미 '일'이라는 단어를 나의 언어로 새로 쓰고 있었다.

일은 생존의 수단이 아니라 존재의 방식,

그리고 세상과 나를 연결하는 가장 진실한 대화였다.

그 대화를 멈추지 않는 한, 나는 실패해도 쓰러지지 않을 것이었다.

사업은 늘 사람을 중심으로 돌아갔다.

계약서보다 무거운 건 신뢰였고, 결제보다 어려운 건 이해였다.

나는 거래처 한 곳, 한 곳을 직접 발로 다니며 확인했다.

그들의 주방 사정, 조리 인력, 납품 동선, 그 어떤 것도 책상 위에서는 알 수 없었다.

현장은 늘 계산표보다 진실했다.

그 진실이 때로는 칭찬이었고, 때로는 따가운 꾸지람이었다.

그러나 나는 배웠다. 고객의 불만은 나를 무너뜨리는 말이 아니라,

내가 성장해야 할 방향을 가리키는 문장이라는 것을.

어느 날, 냉장차가 고속도로 한가운데서 멈췄다.

가장 중요한 납품 일정이 걸린 날이었다.

시간은 흘러가고, 온도는 올라가고, 내 심장은 뛰었다.

나는 냉장차를 세워두고 냉동박스를 나르기 시작했다.

땀이 흘러내렸지만, 그날 나는 단 한 가지를 깨달았다.

사업은 계획으로 움직이지만, 신뢰는 행동으로 세워진다.

그날의 납품은 제시간에 마쳤고,

그 거래처는 이후로 단 한 번도 다른 곳으로 옮기지 않았다.

이 일은 내게 '지속'이라는 단어의 의미를 다시 써주었다.

지속은 단순한 반복이 아니라,

매일 조금씩 더 깊어지는 책임의 형태였다.

이후 나는 시스템을 만들었다.

사람을 중심으로, 현장을 기준으로, 신뢰를 축으로. 그리고 깨

   밥은 먹고 다니냐 - '사람'을 남긴다는 것

달았다.

　시스템은 편의를 위해 존재하지만, 사람은 의미를 위해 움직인다.

　그 시절, 나는 하루의 끝마다 노트를 펼쳤다.
　실패와 문제, 그리고 마음속 울림을 한 줄씩 적었다.
　"오늘의 나는 충분히 진심이었는가?"
　그 질문은 매일의 결산이자 내일의 기도였다.
　어떤 날은 자신 있었고, 어떤 날은 부끄러웠다.
　하지만 그 모든 날이 내 인생의 훈련장이 되었다.

　가끔은 지쳤다. 직원들의 퇴사 통보, 불안한 현금 흐름,
　예측 불가능한 거래처의 변심.
　사업이라는 배는 늘 파도를 맞으며 나아갔다.
　밤마다 나는 커튼을 젖히고 어둠을 바라봤다.
　그 어둠 속에서 문득 생각했다.
　'이 모든 과정이 결국 나를 만들어가는 건 아닐까.'

　그 무렵 나는 내 안에서 '사람의 가치'를 다시 보기 시작했다.
　능력보다 중요한 것은 성실함이었고,
　결과보다 더 귀한 것은 끝까지 책임지는 마음이었다.
　나는 실수를 용납하지 않으려던 리더에서
　사람의 가능성을 믿는 리더로 변해갔다.

한 직원이 납품을 잘못했을 때, 예전 같았으면 크게 꾸짖었을 것이다.

하지만 나는 대신 이렇게 말했다.

"괜찮아. 오늘은 배웠으니까. 내일은 그만큼 더 정확하게 가 보자."

그날 그 직원은 울었다.

그리고 그 이후, 단 한 번도 같은 실수를 하지 않았다.

그 사건 이후로 나는 깨달았다.

사람은 질책보다 신뢰에서 더 크게 자란다.

시간이 흘러 사업은 자리 잡았고,

나는 점점 더 '일의 철학'이라는 단어에 마음이 갔다.

나에게 일은 더 이상 생존의 도구가 아니었다.

그것은 세상과 나를 연결하는 신앙의 한 형태였다.

아침마다 나는 스스로에게 물었다.

"오늘 나는 누구에게 어떤 가치를 줄 것인가?"

그 질문이 내 하루의 설계도였다.

매출보다 더 중요한 것은 '내가 이 일을 왜 시작했는가'였다.

그 질문이 멀어질 때마다 나는 중심을 잃었고,

그 질문을 되찾을 때마다 나는 다시 길을 찾았다.

나는 그때 비로소 이해했다. 세상에서 가장 고귀한 일은,

사람을 변화시키는 일이라는 것을.

그리고 그 변화는 거창한 강연이나 이론이 아니라,

작은 약속을 지키는 손끝에서 시작된다는 것을.

그날 이후, 나는 매일의 일 속에서 기도했다.
"오늘도 누군가의 하루에 작은 빛이 되게 하소서."
그 기도는 종교적인 문장이 아니라, 내 인생의 태도이자 철학
이었다.

이제 돌이켜보면, 그 모든 순간이 하나의 여정이었다.
일은 나를 가르쳤고, 사람은 나를 완성시켰다.
성공은 잠시 머물렀다가 떠났지만,
신념은 그 자리에 남아 나를 지탱했다.
나는 이제 안다. 삶은 결국 일의 형태로 드러나고,
일은 결국 삶의 철학으로 남는다.

2장

일의 시작과 책임의 무게

일은 내게 세상과 처음 통했던 언어였다.

그때의 나는 세상을 설명할 단어가 없었고, 세상은 나에게 말을 걸지 않았다.

하지만 손끝에 닿는 그릇의 온기, 물소리, 비누 거품의 미끄러움, 그 작은 노동의 감각들이 내게 처음으로 문장을 만들어주었다.

대학을 졸업하고 맞이한 첫 아르바이트는
서울의 한 갈빗집에서 접시를 닦는 일이었다.
그때는 그것이 단순한 일로만 보이지 않았다.
종일 물과 기름 사이에서 서서 일하다 보면
온몸은 천천히 굳어갔고, 밤이면 다리가 퉁퉁 부었다.
그러나 그 속에서 이상하게도 '살아 있다'라는 감각이 피어났다.

한 번은 설거지통에 쌓인 그릇더미를 보며 문득 이런 생각이 들었다.

'이 수많은 그릇을 닦는 게, 내 인생을 닦는 일일 수도 있겠구나.'

그때의 나는 젊었고, 지쳐 있었으며, 세상을 향한 질문도 많았다.

그러나 아무도 답해주지 않았다.

그래서 나는 일 속에서, 내 몸으로 직접 답을 찾아보기로 했다.

새벽 2시, 마감이 끝나면

허름한 식당 구석에 앉아 따뜻한 된장찌개 한 숟갈을 떠먹곤
했다.

그 짭조름하고 구수한 맛은

그날 하루의 땀과 함께 내 안의 허기를 채워주었다.

누군가에게는 그것이 그저 남은 밥 한 끼일지 몰라도

나에게는 '존재의 증명'이었다.

그날 하루, 나는 세상에 필요한 한 사람으로 살아냈다는 증거
였다.

그 일을 마치고 돌아오는 새벽길, 거리의 불빛이 유난히 따뜻
하게 느껴졌다.

비록 나는 피곤했지만, 그 피로는 '나의 것'이었다.

누가 시켜서 한 일이 아니었다.

처음으로 스스로 선택한 노동이었고, 처음으로 내 이름으로 번
돈이었다.

그때 깨달았다. 세상은 노력하는 자를 완전히 외면하지 않는다
는 것을.

일은 그때부터 내게 하나의 언어가 되었다.

사람마다 쓰는 언어가 다르듯,

나는 일을 통해 세상을 배우고, 사람을 이해하고, 나를 번역했다.

누군가 말 대신 침묵으로 마음을 전하듯, 나는 노동으로 내 삶을 표현했다.

지금 생각해보면, 그 시절의 나는 아직 미숙했고,

때로는 세상을 원망하며 삐뚤게 서 있던 청년이었다.

하지만 그럼에도 불구하고, 그 설거지대 앞에서 나는 '존재한다'라는 감각을 처음 배웠다.

그리고 그 감각은 지금까지도 내 삶의 근육이 되어 있다.

그렇게 며칠을 버티다 보니, 손끝의 물집이 굳은살로 변했고, 그 굳은살 위에 다시 생이 쌓였다.

나는 조금씩 세상을 배워갔다.

그러던 어느 날, 나는 아르바이트로 생애 처음 돈을 받아본 갈빗집을 그만두었다.

하지만 스스로의 노동을 통해

처음 돈을 벌어본 경험 때문인지,

아직도 그 기억은 남아 있다.

누구에게나 첫 직장은 '세상과의 첫 약속'이다.

나에게 그 약속은, 서울의 한 협회에서 시작되었다.

그곳의 일은 특별하지 않았다. 카메라를 들고 현장을 다니며 사람들의 하루를 담았다.

그러나 나는 그 단조로움 속에서 '일의 기도' 같은 무언가를 배웠다.

사람들은 일을 생계라 부르지만, 나에게 일은 언어였다.

말보다 더 정직하고, 숫자보다 더 깊은 언어.

하루의 땀과 시간으로 써 내려가는 문장.

그 문장은 늘 불완전했지만, 그 불완전함 덕분에 나는 인간의 얼굴을 배웠다.

회의실 안의 말보다 현장의 바람이 더 진실했다.

보고서보다 한 사람의 손이 더 설득력 있었다.

나는 그 손들을 찍으며 일이란, 결국 '사람의 흔적을 남기는 행위'라는 것을 느꼈다.

그때는 몰랐다.

왜 매일 같은 반복인지, 왜 노력해도 금세 잊히는지.

하지만 시간이 지나고 보니, 그 시절이 내 인생의 가장 깊은 뿌리였다.

그때 배운 것은 기술이 아니라 태도였다.

나는 일을 하며 인간의 거리를 배웠다.

사람은 가까이 있을수록 따뜻하지만, 너무 가까워지면 뜨거워진다.

그 열기와 냉기를 조절하는 것이 일의 절반이자 인간관계의 전부였다.

협회에서의 시간은 나를 단련시켰다.

그곳엔 성공보다 과정이 있었고, 성과보다 관계가 있었다.

누군가는 서류를, 누군가는 사람을 붙잡았다. 나는 후자를 택했다.

회의는 늘 길었고, 결과는 늘 짧았다.

때로는 노력보다 오해가, 진심보다 절차가 앞섰다.

그럼에도 불구하고 나는 사람을 놓지 않았다.

사람을 잃는 순간, 일의 의미도 함께 사라진다는 것을 알고 있었기 때문이다.

야근하던 어느 날, 편집 화면에 한 노인의 손이 비쳤다.

빛에 비친 주름은 마치 세월의 지문 같았다.

그 손을 보며 생각했다.

"일이란, 결국 누군가의 시간을 대신 기록하는 일이다."

그 이후로 나는 영상보다 '사람의 온도'를 남기려 했다.

그때부터 일은 나에게 예술이 아니라 윤리였다.

화면의 완성보다 마음의 진실이 중요했다.

나는 작품이 아니라, 사람의 흔적을 남기고 싶었다.

나는 손을 믿는다. 손은 마음의 통역사다. 생각이 흔들릴 때도 손은 솔직했다.

머리가 명령하기 전에 손이 먼저 움직였고, 그 손끝에는 늘 '삶의 온기'가 있었다.

협회에서 보낸 몇 해는 내 손의 리듬을 길들이는 시간이었다.

그 리듬은 기계적인 숙련이 아니라 감정과 신념이 섞인 호흡이었다.

어느 날, 카메라가 얼어붙던 겨울 새벽이었다.

동료가 말했다.

"손을 비비면 불이 나요."

나는 웃었지만, 그 말은 오래 남았다.

그래, 손을 비비면 불이 난다. 그 불은 나를 살렸고, 세상의 추위를 덜어주는 온기가 되었다.

그 후로 나는 일을 할 때마다 손의 온도를 먼저 확인했다.

마음이 차가우면 손이 굳고, 손이 굳으면 일도 식었다.

그래서 늘 손을 비비듯 마음을 데웠다. 불은 그렇게 다시 피어났다.

손은 나에게 스승이었다.

그 손이 배운 것은 기술이 아니라 태도였다.

정직하게 움직이면 길이 열리고, 게으르게 흔들리면 길이 막혔다.

그것은 세상과의 약속이었다.

이제 손의 기억은 평생의 리듬이 되었다.

그 리듬은 내 다음 길로 나를 이끌었다.

다음 장에서 나는,

그 리듬이 어떻게 '사람을 가르치는 일'로 이어졌는지 이야기하려 한다.

두 번째 직장인 평생교육원 재직 시절, 나는 한 가지 확신을 얻었다.

손은 거짓말을 하지 않는다는 것이다.

머리는 수천 번의 변명을 만들어내지만, 손끝은 늘 정직했다.

손이 기억하는 리듬에는 세월이 스며 있고,

그 리듬이 바로 내 삶의 호흡이었다.

하루의 시작은 늘 같은 동작이었다.

문을 열고 불을 켜고, 먼저 강의실 바닥을 훑는 빗자루 소리로 하루가 깨어났다.

누군가 그 장면을 봤다면 '성 선생님이 왜 청소를 하세요?' 하

고 놀랐겠지만,

나는 그때 이미 '일은 나의 기도'라는 감각으로 살고 있었다.

손은 도구였지만 동시에 마음의 언어였다.

어떤 날에는 손이 먼저 움직이고

마음이 그 뒤를 따라갔다. 때로는 반대였다.

하지만 결국 마음과 손은 같은 문장을 써 내려갔다.

그 시절, 교재를 제본하던 인쇄소 사장은 나를 볼 때마다 웃으며 말했다.

"선생님은 손에 잉크가 잘 어울려요."

그 말이 이상하게 위로가 되었다.

사람들은 깨끗한 손을 원했지만 나는 손에 묻은 잉크와 먼지가 내가 살아 있다는 증거처럼 느껴졌다.

퇴근 후에도 나는 손을 오래 바라보곤 했다.

굳은살이 박이고, 종이에 베인 상처가 가끔 피를 내도

그것은 고통이 아니라 '일의 흔적'이었다.

그 상처를 통해 나는 배웠다.

"일은 사람을 다치게 하는 게 아니라, 다듬는다."

일터에는 늘 소음이 있었다. 프린터 돌아가는 소리, 문 여닫는 소리,

학생들의 발걸음, 커피포트의 끓는 소리. 그 모든 소리가 내 일상의 배경음이었다.

누군가에게는 잡음이었겠지만, 나에게는 그 소리들이 '살아 있는 교향곡'이었다.

어느 날은 유난히 손이 느려졌다.

전날 밤늦게까지 일해서 피곤했지만, 그보다 마음이 무거웠다.

교육원 운영비가 모자라 급하게 강사료를 줄여야 했던 시기였다.

직원들의 눈빛은 말보다 솔직했다.

"이러다 우리 다 무너지는 거 아니에요?"

그 말에 나는 한참을 대답하지 못했다.

나는 커피잔을 들고, 그들의 눈을 마주 보며 천천히 말했다.

"우린 무너질 수 있어. 하지만 일은 절대 우리를 배신하지 않아."

그때는 그 말의 뜻을 다 이해하지 못했지만

지금 돌아보면, 그 말은 나 자신에게 한 약속이었다.

그 무렵부터 나는 손으로 모든 것을 기록하기 시작했다.

수입, 지출, 출석, 학생 평가, 강의 피드백.

하루에 수십 장의 종이를 쓰고 버렸다.

어떤 날은 손이 저려 글씨가 삐뚤어졌지만,

그 불안정한 글자들 속에서 나는 내 삶의 결을 읽었다.

   밥은 먹고 다니냐 – '사람'을 남긴다는 것

노동은 문장이었고, 손은 펜이었다.

내가 세상을 이해하는 방식은

머리가 아니라 손끝에서 시작되었다.

그 손끝의 리듬이 멈출 때마다

나는 나 자신을 잃어버린 듯했다.

손의 기억은 나를 배신하지 않았다.

그것은 매일 같은 일을 반복하면서 조금씩 내 마음을 단단하게 만들었다.

누군가는 그런 나를 보며 '고지식하다'고 했다.

그러나 나는 알았다. 고지식함은 때로 삶을 지탱하는 근육이 된다는 것을.

나는 일을 하며 수많은 얼굴을 만났다.

각자의 사연이 묻은 손들이 내 앞에 놓였다.

거칠고 마른 손, 젊지만 주름진 손, 아이의 손처럼 부드럽지만 불안한 손.

그 손들 속에, 각자의 생이 있었다.

나는 그 손들을 볼 때마다 생각했다.

'사람은 결국, 손으로 산다.'

그 후로 나는 회의 시간에도, 식사 자리에서도 사람의 손을 먼저 본다.

손의 온도, 손의 흔들림, 손의 습관.
그것이 그 사람의 인생을 말해준다.
나는 일에서 사람을 배웠고, 사람을 통해 다시 일을 배웠다.

이때의 나는 일이 내 언어이자 기도라는 사실을
이미 직감하고 있었다. 손이 움직이면 마음이 따라왔고,
마음이 흔들리면 손이 멈췄다. 그 단순한 진리를 깨닫는 데
이토록 오랜 세월이 걸릴 줄은 몰랐다.

일은 혼자 하는 것처럼 보이지만, 결국 사람 속에서 완성된다.
나는 늘 혼자 일하는 것을 좋아했지만, 진짜 일의 깊이는 관계
속에서 만들어졌다.
사람과 부딪히고, 상처받고, 이해받지 못하면서
나는 '일이란, 곧 사람을 배우는 수업'임을 알게 되었다.

가장 먼저 떠오르는 얼굴이 있다. 평생교육원에서 나와 함께 일
하던 정 선생.
그는 언제나 이성적이었다. 서류 하나에도 흠을 잡았고,
내가 감정적으로 결정하려고 하면 늘 조용히 한마디 던졌다.
"성 선생, 감정은 동력이지만, 기준은 냉정해야죠."
그 말이 처음에는 거슬렸다. 나는 사람을 먼저 보는 편이었고,
그는 일을 먼저 보는 사람이었다. 서로의 리듬이 달랐다.

어느 날, 교재 인쇄 오류가 대량으로 발생했다.

그는 즉시 인쇄소로 달려가 항의했고,

나는 인쇄소 사장을 설득하며 "이번엔 넘어가자"라고 했다.

회의실에서 둘이 마주 앉았을 때 공기가 묵직하게 가라앉았다.

"성 선생, 그렇게 하면 안 됩니다. 한번 봐주면 계속 봐줘야 합니다."

"정 선생, 그 사람도 먹고살아야지." "그럼 우리들은요?"

그때 나는 아무 말도 하지 못했다.

시간이 지나면서 나는 그가 옳았음을 깨달았다.

일의 기준을 세운다는 것은 냉정함이 아니라,

모두를 지키기 위한 최소한의 울타리였다.

그날 밤, 나는 일기장에 이렇게 적었다.

"일을 통해 인간의 감정과 원칙이 얼마나 다를 수 있는가. 그러나 둘 다 있어야 일이 사람을 살린다."

그 시절의 나는 '좋은 사람'과 '좋은 일꾼' 사이의 경계가 자주 헷갈렸다.

때로는 직원이 힘들어 보여서 쉬게 했지만, 결국 일이 밀려 모두가 더 힘들었다.

그때부터 나는 한 가지 규칙을 세웠다.

'배려는 일의 완성도를 해치지 않는 선에서만 유효하다.'

사람은 일을 통해 서로를 드러낸다.

누군가는 성실로, 누군가는 회피로,

누군가는 말로, 누군가는 침묵으로 자신을 표현한다.

나는 그 다양한 표현법을 배우는 데 거의 10년이 걸렸다.

어느 날, 한 강사가 내게 와서 말했다.

"성 선생님, 저는 여기서 강의하는 게 두렵습니다."

"왜요?"

"제가 하는 일보다 주변 시선이 더 무섭습니다."

그 말이 내 마음에 오래 남았다. 그 시절의 나는 일보다 평가를 더 무서워했다.

'누가 나를 어떻게 볼까?'

그 생각이 나를 괴롭혔다.

하지만 어느 날 문득 깨달았다. 일을 사랑하는 사람은 평가를 두려워하지 않는다.

평가는 결과지만, 일은 과정이다. 그리고 과정은 언제나 인간을 닮는다.

나는 사람을 통해 '일의 품위'를 배웠다.

품위란 예절이 아니라 태도였다.

회의 때 서로의 의견이 부딪칠 때,

상대의 목소리를 끝까지 듣는 것,

그것이 품위였다.

누군가의 실수를 덮어주는 대신,

그가 다시 일어설 수 있게 도와주는 것,

그것이 품위였다.

어느 해 여름, 폭우로 인해 교육원 천장이 새기 시작했다.

모두가 당황했지만, 가장 먼저 대걸레를 들고 나선 것은

막 입사한 신입 직원이었다.

그는 비를 막으면서도 웃었다.

"선생님, 저 오늘 진짜 학교 다닌 기분이에요."

그 한마디에 피로가 사라졌다.

그때 나는 생각했다.

'일의 품위는 결과가 아니라 태도에서 나온다.'

사람 사이의 일은 늘 계산이 따른다.

그러나 진짜 관계는 계산을 넘어서는 순간 생긴다.

누군가의 실수를 대신 덮어준 날, 그의 눈빛에서 나는 '신뢰'라
는 단어를 처음 느꼈다.

그 후로 나는 신뢰를 돈보다 비싼 통화로 여긴다.

신뢰는 쌓이지 않으면 존재하지 않는다.

그리고 한번 깨지면, 복구보다 '사과'가 먼저다.

이 단순한 진리를 깨닫는 데 나는 수많은 사람과의 이별을 겪
어야 했다.

어느 겨울, 가장 믿었던 동료가 회사를 떠났다. 그는 나의 오른 팔이었다. 그는 떠나면서 말했다.

"선생님, 저는 더 배워야 할 것 같아요."

나는 웃으며 손을 내밀었다.

"그래, 잘 가라. 일은 멈추지 않으니까."

하지만 문이 닫히는 소리 뒤에서 내 마음 한켠이 무너졌다.

그때 처음으로 '함께 일한다는 것은 결국 언젠가 이별한다는 것'임을 배웠다.

그 후로 나는 동료를 대할 때마다 그가 떠나더라도 미워하지 않겠다고 다짐했다.

일은 사람을 모으지만, 때로는 헤어지게도 한다.

그러나 진심으로 함께했던 시간은 결국 다시 만남으로 이어진다.

그것이 일의 순환이자, 인생의 리듬이었다.

어느 시절부터인가 나는 일을 단순한 생계의 수단으로 보지 않았다.

그것은 숨을 쉬듯 자연스러운 행위였고, 기도처럼 조용한 습관이었다.

아침마다 커튼을 열 때, 내 마음속에서는 늘 같은 문장이 흘렀다.

"오늘도 일할 수 있게 하소서."

그 문장은 욕망이 아니라 감사였다.

몸이 아프거나 마음이 흔들릴 때마다

나는 손끝을 바라보았다. 그 손이 여전히 움직이고 있다면

나는 여전히 살아 있었다. 노동의 내면은 고요했다.

사람들은 일의 결과를 떠올리지만, 진짜 일은 그 과정의 침묵

속에서 자란다.

타인이 알아주지 않아도, 누군가의 칭찬이 없어도,

그 과정은 내 영혼의 벽돌이 되어 쌓였다.

하루는 강좌 개설 준비를 하던 중 갑자기 전기가 나갔다.

컴퓨터 화면이 꺼지고, 자료가 사라졌다.

순간 나는 허무했다. 한참 동안 모니터를 바라보다가

천천히 창문을 열었다. 바람이 들어왔다.

그때 문득 생각이 들었다.

'이것이 네가 배우는 순종이다.'

그것은 내 안의 목소리였다. 일은 통제하는 것이 아니라,

순종하며 배우는 과정이라는 것을 그날 처음 알았다.

나는 종종 내 일을 '기도의 형태'라고 말한다.

기도는 말로만 하는 것이 아니다.

손끝으로, 눈빛으로, 몸의 움직임으로도 기도할 수 있다.

내가 강의실 불을 끄고 문을 잠그는 순간,

그 단순한 행위조차 마음속에서는

"오늘도 감사합니다"라는 문장이 된다.

종일 수십 명의 사람을 만나도 결국 밤에 남는 것은 침묵이다.
그 침묵 안에서 나는 하루 동안 쏟은 땀과 말들을 다시 씻어낸다.
그것이 내 방식의 묵상이었다.

일이 내게서 믿음을 빼앗은 적은 한 번도 없었다. 오히려 그 반
대였다.
내 믿음이 흔들릴 때마다, 일이 나를 붙잡아주었다.
몸이 움직일 때 마음은 회복되었다. 어떤 날은 절망 속에서도
'그래도 해야 할 일이 있다'라는 생각이 나를 다시 일으켰다.

그때 나는 깨달았다.
"일은 인간을 구원하지 않는다.
하지만 일하는 인간은 구원에 가까워진다."

노동은 신앙과 닮았다. 둘 다 눈에 보이지 않지만,
삶을 지탱한다. 둘 다 고된 반복 속에서 빛난다.
그리고 둘 다 끝까지 견디는 사람에게만 그 의미를 드러낸다.

나는 수많은 실패를 겪었다.
교육원의 상황이 어려울 때도 있었고,
사람들에게 오해받고, 신뢰가 무너진 적도 있었다.
그러나 이상하게도 그 모든 시기를 통과할 수 있었던 것은
내가 일을 멈추지 않았기 때문이다.

 밥은 먹고 다니냐 – '사람'을 남긴다는 것

멈추지 않는다는 것은 단순한 의지가 아니라 믿음의 형태였다.
내가 할 수 있는 최선의 기도는 '계속 손을 움직이는 것'이었다.

어느 봄날, 나는 강의실 한쪽에서 학생들과 만든 작은 조형물을 바라보았다.
거친 종이 위에 붙여둔 종잎들이 바람에 살짝 흔들리고 있었다.
그 모습을 보며 문득 생각했다.
'이것이 일의 본질이구나. 버티면 다시 피어난다.'

결과보다 과정을 견디는 힘,
그것이 내가 배운 노동의 가장 단순한 진리였다.
나는 수없이 실패하고 다듬은 손끝의 시간이
결국 새로운 의미로 돌아오는 것을 보았다.
그 순환을 믿는 마음이 내가 일에 머무를 수 있었던 이유였다.

밤마다 강의가 끝난 뒤, 빈 교실 불을 끄며 나는 조용히 다짐했다.
'오늘도 누군가의 하루에 작은 흔적이라도 남겼기를.'
그 말은 기도가 아니라 약속이었다.
내가 하는 일, 내가 건넨 말, 내가 마주한 사람들.
그 모든 순간이 누군가에게 따뜻한 온도로 남기를 바랐다.
그 바람이 곧 나의 신념이자 노동의 의미였다.

이제 돌아보면, 일은 나를 단련시키기 위해 주어진 가장 정직한 학교였다.

그 속에서 나는 겸손을 배웠고, 감사를 배웠고, 무릎 꿇는 법을 배웠다.

일이 없었다면 나는 나 자신을 이해하지 못했을 것이다.

그리고 지금도 나는 믿는다. 일은 인간이 세상에 남길 수 있는 가장 아름다운 언어다. 누군가는 말로, 누군가는 행동으로, 누군가는 손끝으로 그 언어를 써 내려간다.

나의 언어는 언제나 땀과 책임의 문장으로 이어졌다.

이제 나는 안다. 일은 나의 첫 언어였고, 그 언어는 여전히 나를 살아 있게 한다.

언젠가 손이 멈추는 날이 오더라도 그 손이 써 내려간 문장들은 누군가의 삶 속에서 이어질 것이다.

그것이 내가 믿는 노동의 구원이다.

밤은 내게서 가장 솔직한 시간을 데려왔다.

낮에는 타인의 말과 일정, 전화와 서류에 둘러싸여 생각할 틈이 없었다면,

밤이 되어 비로소 내 안의 언어가 깨어났다.

모두가 퇴근한 뒤, 텅 빈 교육원에 남아 나는 책상을 정리하고,

창문을 닫고,

불을 하나씩 끄곤 했다.

불빛이 하나씩 사라질 때마다 내 마음속에서도 하루가 접혔다.

그 시간만큼은 누구의 원장도, 대표도 아닌,

그저 '일을 배우는 사람'이었다.

청소기의 소음이 멈추면 공기 속에는 묘한 정적이 남았다.

그 정적은 나를 고독하게 했지만, 동시에 나를 위로했다.

"오늘도 네가 견뎠구나."

누구도 말하지 않았지만, 그 고요가 그렇게 속삭이는 것 같았다.

나는 고독을 두려워하지 않았다.

오히려 그 고독 속에서 내 손의 의미를 배웠다.

손이란, 누군가를 돕기 전에 먼저 자신을 일으켜 세우는 도구였다.

그 손이 멈추면 생각이 무너졌다. 그래서 나는 늘 손을 움직였다.

종이를 정리하거나, 의자를 닦거나, 한 줄의 문장을 적었다.

그 단순한 움직임이 나를 버티게 했다.

어느 겨울, 눈이 유난히 많이 내리던 날이었다.

늦은 시간까지 교재 인쇄를 마치고 나왔는데,

도로는 이미 하얗게 덮여 있었다.

손에 들고 있던 인쇄물을 품에 안고 한참을 서 있었다.

바람이 차가웠지만, 종이의 온기가 내 손에 전해졌다.

그때 문득 생각했다.

'이게 노동의 온도구나.'

차가운 세상 속에서, 작은 일 하나가 내 손을 따뜻하게 만든다.

그날 밤, 나는 일기장에 이렇게 썼다.

"일은 온도다. 내가 정직할수록 따뜻해지고, 게을러질수록 식는다."

고독한 시간은 길었다. 하지만 그 길이가 내 생각의 깊이가 되었다.

사람들은 종종 물었다.

"그렇게 혼자 남는 게 외롭지 않으세요?"

나는 웃으며 대답했다.

"외롭죠. 그런데 그 외로움이 나를 지켜요."

고독이 없었다면, 나는 아마 타인의 시선에 더 흔들렸을 것이다.

일은 사람 사이에서 이루어지지만, 그 본질은 늘 혼자 싸우는 시간 속에 있었다.

누군가의 인정이나 보상이 아니라, 스스로에게 부끄럽지 않은 선택을 하는 시간.

그것이 진짜 노동의 현장이었다.

 밥은 먹고 다니냐 - '사람'을 남긴다는 것

어느 날 밤, 나는 불 꺼진 교실에 앉아 있었다.

책상 위에는 정리되지 않은 교재와 커피 한 잔이 있었다.

창문 너머로 달빛이 비쳤다.

그 빛이 책 위에 닿자 글자들이 은은하게 빛났다.

그 순간, 이상하게 눈물이 났다.

이유는 몰랐다. 그냥 살아온 시간이 한꺼번에 밀려왔다.

나는 천천히 눈물을 닦으며 속삭였다.

"그래, 잘 버텼다."

그 말은 누구에게도 들리지 않았지만,

그날 이후 나는 매일 그 말을 마음속에서 되뇌었다.

잘 버티는 것도, 잘 일하는 법 중 하나였다.

밤의 노동은 세상의 소음이 멈춘 뒤에야 완성되었다.

나는 그 시간에 일의 본질을 배웠다.

일은 소유가 아니라 순환이었다.

오늘 내가 흘린 땀은 내일 누군가의 위로가 되고,

오늘의 실패는 누군가의 길잡이가 되었다.

나는 여전히 손을 믿는다. 그 손이 기억하는 고독,

그 고독이 품은 따뜻함, 그 따뜻함이 만들어낸 작은 세계.

그것이 내가 평생 잃고 싶지 않은 노동의 기도였다.

일을 오래 하다 보면 결국 사람을 배우게 된다.

나는 일을 통해 세상을 배웠고, 사람을 통해 일을 배웠다.

그 둘은 결코 분리되지 않았다.

일이란, 결국 '사람이 일하는 방식'의 다른 이름이었다.

가장 먼저 떠오르는 것은 협회 시절 함께했던 사람들이다.

그들은 나보다 경험이 많았고, 나는 늘 뒤따라가며 배웠다.

회의실의 공기는 언제나 묘했다.

누구는 이상을 말했고, 누구는 현실을 말했다.

나는 그 사이에서 늘 중재자였다.

한 번은 회의가 길어져 밤이 되었다.

한 선배가 내게 조용히 말했다.

"성제, 너는 일을 잘하지만 사람 마음을 너무 쉽게 믿는다."

그 말이 그때는 비수처럼 꽂혔다.

'믿는 게 잘못일까?'

하지만 시간이 지나며 알았다.

믿음은 실수의 어머니가 아니라, 관계의 출발점이었다.

믿지 못하면 함께할 수 없고, 함께하지 않으면 일은 결코 완성
되지 않는다.

교육원 시절의 동료 중 지금도 잊지 못하는 사람이 있다.

그는 이름보다 표정으로 먼저 기억된다.

　밥은 먹고 다니냐 – '사람'을 남긴다는 것

항상 얼굴에는 피곤이 묻어 있었지만, 그 눈빛에는 이상하게 따뜻함이 있었다.

하루는 내가 먼저 말을 걸었다.

"요즘 괜찮아요?"

그는 잠시 멈칫하더니 웃었다.

"괜찮진 않지만, 버티고 있어요. 선생님이 있잖아요."

그 말이 그렇게 오래 남았다.

버티는 건 누군가를 위해서만 가능한 일이라는 것을, 그때 처음 배웠다. 사람은 혼자서 오래 버티지 못한다.

누군가의 믿음, 누군가의 눈빛, 누군가의 '괜찮아요?'

그 짧은 문장이 하루를 지탱하게 한다.

일터에는 늘 크고 작은 갈등이 있었다.

누군가는 내 결정을 의심했고,

누군가는 내 방식이 낡았다고 말했다.

처음에는 상처받았지만, 이제는 안다.

그 상처가 나를 성장시켰다.

누군가의 비판은 결국, 내가 더 단단해지는 기회였다.

비판이 없는 곳에는 배움도 없다는 것을 나는 현장에서 배웠다.

어느 날, 보육교사 양성 과정의 한 학생이 내게 말했다.

"선생님은 늘 바쁘세요. 그런데 이상하게도 바쁨 속에 평안이 보여요."

그 말이 이상했다. 나는 늘 피곤했는데, 그는 내 안에서 평안을
보았다.

그날 밤 나는 오래 생각했다.

'일을 통해 드러나는 평안이란 무엇일까?'

그것은 아마도 '소명'이 주는 힘이었을 것이다.

소명은 일을 바꾸지 않지만, 일의 이유를 바꾼다.

사람을 통해 나는 '신뢰'의 무게를 배웠다.

신뢰는 종이 한 장처럼 얇지만, 그 한 장이 찢어지면

어떤 말로도 복구되지 않는다.

그래서 나는 늘 말보다 행동으로 신뢰를 쌓으려 했다.

약속을 지키는 것, 시간을 어기지 않는 것, 작은 부탁을 무겁게
여기는 것.

그 단순한 원칙들이 나를 일의 사람으로 만들었다.

나는 일터에서 많은 이별을 겪었다.

좋은 동료가 떠나고, 존경하던 교수가 세상을 떠나고,

함께 시작했던 이가 다른 길을 택했다.

이별은 늘 익숙해지지 않았다.

하지만 한 가지는 배웠다.

이별은 끝이 아니라, 그 사람이 내 안에 남는 또 다른 방식이다.

함께했던 시간이 내 일의 일부로 남아 지금의 나를 만들었다.

 밥은 먹고 다니냐 – '사람'을 남긴다는 것

이제 나는 일터에서 만난 모든 얼굴이

하나의 문장처럼 느껴진다. 어떤 얼굴은 쉼표였고, 어떤 얼굴

은 느낌표였다.

그 문장들이 모여 내 인생의 문단을 완성시켰다.

사람을 잃는 것은 아프지만, 사람을 통해 얻은 것은 평생 간다.

그것이 내가 배운 일의 가장 깊은 진리였다.

3장

손의 기억, 노동의 기도

일이 내 안에서 하나의 사유가 되기까지 오랜 시간이 걸렸다.
처음에는 생계를 위한 것이었고, 그다음에는 책임이었으며,
이제는 '존재의 이유'가 되었다.

세월이 쌓이자 나는 깨달았다.
일이란 단순히 무엇을 하느냐의 문제가 아니라,
어떤 마음으로 하느냐의 이야기였다.
같은 일을 해도 사람마다 결과가 다른 이유는
'손의 방향'이 아니라 '마음의 온도' 때문이었다.

어느 날, 새벽까지 보고서를 쓰고 있었다.
눈이 아파 글자가 흔들릴 정도였는데, 이상하게도 집중이 깨지
지 않았다.
창문 너머로 희미한 불빛이 번졌고, 그 순간 문득 마음이 잔잔
해졌다.

'지금, 이 순간이 내 인생의 한 장면이겠구나.'
누가 보지 않아도, 누가 칭찬하지 않아도,
그 순간은 분명히 살아 있었다.

그때 나는 일의 본질을 조금 이해하게 되었다.
일은 외부의 시선을 향한 행위가 아니라,
자기 자신과의 대화였다.
나는 일을 하며 '세상'보다 먼저 '나'와 마주하는 법을 배웠다.

품위 있는 일에는 조용한 아름다움이 있다.
그건 과시나 화려함이 아니라, 묵묵함에서 비롯된다.
나는 그런 사람들을 여럿 보았다.
한 번은 낡은 수레를 끌던 청소노동자가
쓰레기를 치우며 흥얼거리는 노래를 들었다.
그 노래에는 삶의 무게가 아니라 리듬이 있었다.
그때 나는 생각했다.
'품위란, 일을 대하는 마음의 질서다.'

나는 '일의 품위'를 잃은 시대를 두려워한다.
사람들은 점점 빠름을 자랑하고, 결과를 경쟁한다.
그러나 진짜 일은 속도가 아니라 방향의 문제다.
나는 느려도 좋다.
단, 내가 가는 길의 의미를 잃지 않는다면.

일의 철학은 결국 '속도의 겸손'에서 시작된다.

품위 있는 노동은 '자기 존중'에서 자란다.

나는 일터에서 수없이 무시당하고, 때로는 억울한 말을 들었다.

그럼에도 내 안이 무너지지 않았던 것은 일의 존엄을 믿었기 때문이다.

"내가 하는 일이 하찮지 않다."

그 믿음 하나가 나를 지탱했다.

어느 날, 한 강사가 늦게 남아 있었다.

그녀는 교구를 닦으며 말했다.

"선생님, 이런 작은 일도 의미 있을까요?"

나는 대답했다.

"그게 제일 큰일이에요. 의미는 일이 아니라 태도에서 생기니까요."

나는 일을 하며 '존재의 품위'를 배웠다.

품위는 잘난 체가 아니다.

그것은 자신과의 관계를 깨끗하게 유지하는 일이다.

내가 일을 하면서 배우고 또 다짐한 문장은

지금도 내 마음속에 남아 있다.

"일은 남에게 보여주는 무대가 아니라, 나 자신을 단련하는 도장이다.”

품위 있는 사람은 늘 조용하다. 그들은 자신을 증명하지 않는다.
대신, 맡은 일을 완성함으로써 증명한다. 나는 그런 사람들을 보면 마음이 숙연해진다.
세상은 변덕스럽고 시장은 시끄럽지만, 그들 덕분에 세상은 아직 단단하다.

어느 해, 긴 불황이 왔을 때였다.
어느 직장의 문이 닫히고, 직원들은 하나둘 떠나갔다.
그 시기에 나는 ‘품위’의 진짜 의미를 알았다. 모든 게 무너져도, 사람답게 버티는 것.
그게 품위였다.

나는 매일 아침 문을 열며 마음속으로 말했다.
“오늘도 버티자. 그러나 품위를 잃지 말자.”
그 다짐이 내 하루를 세웠다.

밤의 길은 여전히 고요했다.
책상 위에 쌓인 서류, 다 쓴 펜, 마신 커피잔 하나.
그 모든 흔적이 내가 ‘살아 있었다’라는 증거였다.
누가 내 일을 알아주지 않아도, 내가 내 일을 알아주면 충분했다.
그것은 자부심이 아니라 ‘존중’이었다.

이제 돌아보면, 일은 나에게 단 한 번도 거짓말하지 않았다.

그만큼 정직한 스승이 또 있을까.

내가 일에 정성을 쏟은 만큼 세상은 내게 배우게 했다.

내가 정직했을 때, 세상도 나를 정직하게 대했다.

일은 결국 '나 자신을 닮은 거울'이었다.

그 거울 속에서 나는 때로는 부족했고, 때로는 빛났다.

하지만 언제나, 살아 있었다.

품위란 결국 '보이지 않는 선택의 기록'이다.

누군가가 볼 때만 정직한 사람은 아직 배우는 중이고,

아무도 보지 않아도 같은 태도로 일하는 사람, 그가 진짜 장인
이다.

나는 수많은 현장에서 그 진리를 봤다.

한 번은 식자재 새벽 배송을 돕던 기사님이

누가 보지도 않는 창고 안에서 박스 하나를 다시 열어

흐트러진 물건을 정리하고 있었다. 나는 조용히 그를 바라보
다 물었다.

"굳이 다시 포장 안 해도 될 텐데요."

그는 웃으며 말했다.

"제 손이 지나간 흔적은 깔끔해야죠. 이게 제 일의 예의예요."

그 말 한마디가 내 마음을 깊게 울렸다.

그날 나는 깨달았다.

'품위는 남이 보는 데서 드러나지 않는다.

품위는 남이 보지 않을 때 증명된다.'

품위 있는 사람은 변명하지 않는다. 그들은 잘못을 덮지 않고, 고친다.

그게 옳다는 것을 알고 있기 때문이다.

나는 몇 번의 실수와 실패를 통해 그들의 용기를 조금 배웠다.

용기란 큰 목소리가 아니라, 조용히 다시 시작하는 결심이었다.

나는 일터에서 수많은 유혹을 만났다.

편하게 가고 싶은 길, 눈감고 넘어가도 될 일,

그럴 때마다 내 안의 어떤 목소리가 말했다.

"그 길을 택하지 마라. 그것은 네 품위를 갉아먹는다."

그 목소리를 따라 사는 것은 쉽지 않았다.

손해를 볼 때도 있었고, 사람들에게 비효율적이라 조롱받을 때도 있었다.

하지만 이상하게도, 시간이 지나면 늘 같은 결론에 도달했다.

정직하게 남은 게 결국 오래간다.

나는 '일의 윤리'를 특별한 규범으로 생각하지 않는다.

그것은 그냥, 사람답게 사는 최소한의 예의다.

돈을 버는 일에도 예의가 있고, 밥을 짓는 일에도 예의가 있다.

그 예의를 지키는 순간, 일은 노동을 넘어 '예술'이 된다.

어느 날, 한 요양시설 조리사가 말했다.

"대표님, 밥 한 그릇이요… 그냥 음식이 아니에요.

어르신 입에 들어가면 그게 하루가 되거든요."

그 말을 듣는 순간, 나는 '품위'라는 단어의 또 다른 얼굴을 보았다.

품위는 고상함이 아니라, 자신이 하는 일을 사랑하는 마음이었다.

나는 이제 일을 신앙처럼 대한다.

기도처럼, 묵상처럼, 반복 속의 진심으로.

일이 잘 풀릴 때보다 일이 막힐 때 더 많이 배운다.

그 막힘 속에서 내 마음의 본모습이 드러나기 때문이다.

고통은 불편하지만, 그 불편이 내 정신을 단련시킨다.

그래서 나는 '힘든 일'을 피하지 않는다.

그건 나를 다듬는 연마의 시간이다.

품위 있는 삶은 거창하지 않다. 그것은 오늘 하루를 단정히 마무리하는 일이다.

서류를 반듯하게 정리하고, 누군가에게 고맙다고 말하고,

스스로에게 '수고했어'라고 속삭이는 일.

이 단순한 습관들이 내 삶의 윤리였다.

밤마다 나는 일기를 썼다. 그날의 일을 적고, 후회도 적었다.
가끔은 글자를 다 쓰지 못하고 멈췄다. 눈물이 묻어서였다.
하지만 그런 날일수록 다음 날 더 일하고 싶어졌다.
일이 내 안의 상처를 치유했기 때문이다.

이제 나는 안다. 일은 세상을 바꾸는 수단이 아니라,
자신을 바꾸는 거울이다.
그 거울 앞에서 나는 매일 조금씩 다른 얼굴이 된다.
어제보다 조금 더 부드럽고, 조금 더 단단한 얼굴.
그 변화가, 내 삶의 목적이 되었다.

나는 여전히 일한다. 몸이 기억하고, 마음이 따라가며,
시간이 나를 데려간다. 그 길 위에서 나는 배운다.
일은 결국 '존재의 언어'이며, 품위는 그 언어의 문법이다.
내가 세상에 남기고 싶은 것은 화려한 성공이 아니라,
품위 있는 노동의 흔적이다.
그 흔적이 누군가의 하루를 덜 외롭게 해준다면
그것으로 충분하다.

일은 끝나도 삶은 남는다. 그 사실을 온몸으로 느끼기까지 나는
오랜 시간이 걸렸다.

한때는 일이 곧 나였고, 나 자신을 일로 증명하려 애썼다.
하지만 이제는 안다. 일은 내 삶의 도구이자 언어였지만,
삶 자체는 그보다 넓고 깊었다.

퇴근 후 불 꺼진 사무실에 홀로 남아 있을 때면 가끔 그런 생각
이 들었다.
'이 모든 것이 언젠가 끝나겠지.'
컴퓨터 모니터가 꺼지고, 책상 위의 펜이 멈추고, 내 이름이 붙
은 명판이 내려가는 날.
그때 나는 무엇을 남길 수 있을까.

생각해보면 일은 '남기는 연습'이었다. 결과를 남기고, 사람을
남기고, 마음을 남기는 일.
그 남김 속에 삶의 온도가 배어 있었다. 그래서 나는 이제 끝을
두려워하지 않는다.
끝은 또 다른 시작이기 때문이다.

내게 일의 끝은 곧 침묵의 시작이었다.
누군가는 퇴직을, 누군가는 휴식을 뜻하겠지만,
나에게는 '듣는 시간'이었다.
그동안 내가 하지 못했던 말들을 세상으로부터 들어야 할 시간.
그 침묵 속에서 비로소 나는 삶의 소리를 들을 수 있었다.

   밥은 먹고 다니냐 – '사람'을 남긴다는 것

일할 때는 늘 앞만 봤다. 하지만 이제는 뒤를 돌아본다.

내가 지나온 길에 누군가의 미소가 남아 있다면 그것으로 충분했다.

삶의 품격은 '내가 얼마나 많이 가졌는가'가 아니라,

'얼마나 많은 사람이 내 곁에서 편히 숨을 쉴 수 있었는가'로 판단된다.

한 동료가 그만두며 이런 편지를 남겼다.

"대표님은 저에게 일의 기술보다 마음의 기술을 가르쳐주셨어요."

그 한 줄이 내게는 상장보다 값졌다.

그 사람이 떠난 뒤에도 그 문장은 내 마음에 살았다.

그래서 나는 지금도 일을 가르치지 않고, 삶을 가르치려고 한다.

4장

사람의 향기, 일의 유산

이제 나는 조금씩 '손을 놓는 법'을 배운다.

모든 일에는 순서가 있고, 그 순서에는 시간이 있다.

손을 놓는 일은 포기가 아니라 신뢰였다.

세상이 이제 스스로 움직일 것이라는 믿음.

내가 세운 작은 일터들이 나 없이도 흐를 수 있다는 믿음.

그 믿음이 삶의 자유였다.

나는 이제 일의 끝을 두려워하지 않는다.

끝은 결코 소멸이 아니라 순환이다.

내가 흘린 땀과 생각이 누군가의 씨앗이 되어

또 다른 삶으로 피어난다.

그것이 일의 신비다.

나는 그저 다음 세대가 그 씨앗을 밟지 않고, 키우길 바랄 뿐
이다.

일의 끝에 서면 보이는 것들이 있다. 사람, 기억, 감사, 그리고 나 자신.

나는 이제 안다. 일은 인생의 모래시계다. 한쪽이 비워질 때마다 다른 쪽이 채워진다.

그 리듬 속에서 우리는 성장한다.

그래서 나는 오늘도 묵묵히 손을 움직인다.

끝을 향해 가면서도, 시작을 믿으며.

그것이 내가 배운 노동의 기도다.

나는 이제 손의 기억이 세대를 넘어간다고 믿는다.

어린 시절, 아버지의 손은 거칠고 두꺼웠다.

새벽녘에 배추, 무를 나르던 손, 겨울엔 트고 갈라진 손.

그 손이 내 머리를 쓰다듬을 때마다

나는 설명할 수 없는 안정감을 느꼈다.

이제 내가 누군가의 어깨를 두드릴 때, 문득 그 감각이 되살아난다.

"아, 이것이 세대의 언어구나."

나는 평생 일을 통해 배운 것들을 말이 아닌 몸으로 전하고 싶었다.

사람들은 가르치려 하지만, 진짜 배움은 '함께 일하는 순간'에 있다.

말로 전할 수 없는 진심이 손끝에서 전해진다.

한 번은 젊은 직원이 내 옆에서 일하며 물었다.

"대표님, 이건 매뉴얼에 없는데요?"

나는 웃으며 말했다.

"그건 눈치가 아니라 마음으로 배우는 거야."

그는 고개를 끄덕였다.

그리고 며칠 뒤, 내가 하지 않아도 그가 먼저 움직였다.

그 모습을 보며 깨달았다.

세대는 언어로 이어지는 게 아니라, 태도로 이어진다는 것을.

일은 유전(遺傳)된다. 피로가 아니라, 품성으로.

한 세대의 손끝에서 흘린 땀이 다음 세대의 마음에 남는다.

나는 요즘 젊은이들이 빠른 길보다 깊은 길을 택하길 바란다.

속도보다 방향, 결과보다 과정.

그것은 낡은 조언이 아니라 시간이 증명한 진리다.

어느 날, 교육원에 강의를 온 젊은 강사가 내게 물었다.

"선생님은 왜 아직도 직접 현장에 나가세요?"

나는 잠시 웃었다.

"손이 기억을 잃지 않게 하려면, 계속 써야 해요."

그는 고개를 끄덕였지만, 아직은 이해하지 못한 눈빛이었다.

나는 알고 있었다. 그도 언젠가 같은 나이가 되면,

이 말을 기억할 것이다. 일의 기억은 늦게 이해된다.

몸이 먼저 알고, 마음이 나중에 따라온다.

나는 지금도 손을 믿는다.
그 손이 기억하는 것은 기술이 아니라 진심이다.
진심은 유행을 타지 않는다.
그것은 시대를 초월하는 가장 오래된 언어다.
세상이 아무리 디지털로 바뀌어도
사람의 마음은 여전히 손끝에서 시작된다.

나는 이제 가끔 생각한다.
'언젠가 나의 손이 멈추면, 누가 이 일을 이어갈까?'
그 답은 이미 정해져 있다.
나와 함께 울고 웃던 동료들, 원장님들, 지사장들,
그리고 아직 만나지 않은 다음 세대의 손들.
그들이 나의 언어를 이어갈 것이다.
내가 남기는 것은 문장도, 교재도 아니다.
'일의 품위'라는 태도, 그것이 나의 유산이다.

일의 끝에는 항상 새로운 손이 있다.
내가 내려놓은 자리에 누군가의 손이 닿는다.
그 손이 따뜻하다면, 그것은 내가 일을 잘했다는 증거다.

세월이 흘러도 변하지 않는 것이 있다.

손의 기억, 일의 품위, 사람의 온기. 그 세 가지가 이어지는 한,
삶은 끊어지지 않는다. 나는 이제 믿는다.
'일은 사라지지 않는다. 그저 다른 손으로 옮겨질 뿐이다.'

일에는 리듬이 있다. 나는 그 리듬을 오래 들었다.
누군가는 그것을 반복이라 부르고,
누군가는 고단함이라 부르지만,
나는 그 안에서 음악을 들었다.

청소기의 일정한 소리, 서류를 넘기는 종이의 마찰, 펜 끝이 종
이를 긁는 미세한 음색,
그 모든 것이 내 하루의 배경음이었다. 그것은 단순한 소음이 아
니었다. 삶의 숨결이었다.

나는 일을 하며 '노동의 시(詩)'를 배웠다.
시인은 단어를 고르고, 노동자는 손을 움직인다.
둘 다 집중하고, 몰입하며, 기다린다.
결국 시와 노동은 같은 행위였다.
어느 날 나는 깨달았다.
"일을 하는 사람은 모두 시인이다."
그가 흘린 땀 한 줄기, 그가 건넨 미소 하나가
세상을 조금 따뜻하게 만들기 때문이다.

어릴 적, 나는 아버지의 일터를 자주 따라갔다.

시장 냄새, 화물차 소리, 손끝의 감각.

그 세계는 나에게 하나의 시였다.

아버지는 책을 많이 보시지는 않은 것 같지만,

그의 손놀림은 완벽한 운율이었다.

시장에서 야채 도매업을 오랫동안 하셨기에 그 모습이 익숙해져

순간순간마다 그의 몸은 노래했다.

나는 그 모습을 보며 배웠다.

"사람은 손으로 자기 인생을 쓴다."

어느 날, 한 후배가 내게 물었다.

"선배님은 왜 그렇게 일을 예쁘게 하세요?"

그 질문이 내 마음을 흔들었다.

예쁘게 일한다는 것은 결과가 아니라 태도를 말한다는 것을

그는 알고 있었을까. 나는 그에게 조용히 대답했다.

"일은 결국 미학이야. 정성이라는 이름의 예술이지."

시간이 지나며 나는 깨달았다. 진짜 예술은 박수받지 않는다.

누군가를 위해 조용히 일하는 사람들,

그들의 손끝이 만들어낸 질서 속에

세상의 균형이 유지된다. 그것이 진짜 미학이었다.

그래서 나는 일터를 미술관처럼 여긴다.

정리된 책상, 반듯한 문서, 깨끗한 도구, 묵직한 침묵.
그 안에는 나름의 예술이 숨어 있다.
노동은 언제나 미의 형태를 지녔다.
단지 세상이 그것을 보지 못할 뿐이다.

어느 봄날, 나는 어린 학생들과 함께
‘일의 노래’를 주제로 컴퓨터 방과 후 과정 수업을 했다.
아이들에게 물었다.
“엄마가 밥할 때 나는 소리는 뭐니?”
“찌개 끓는 소리요.”
“아빠가 출근할 때는?”
“문 닫는 소리요.”
“그럼 너희가 공부할 때는?”
“연필 긁는 소리요.”
그때 나는 깨달았다.
우리가 살아 있다는 것은 결국, 이런 ‘일의 소리들’ 속에서 느껴지는 것이다.

노동의 시는 화려하지 않다. 그것은 묵묵한 구절의 반복이다.
그러나 그 반복 속에서 인간은 성숙한다.
같은 일을 매일 하면서도 조금씩 다르게 느끼는 감정들,
그것이 노동이 주는 ‘리듬의 교훈’이었다.

나는 하루의 끝마다 그 리듬을 기록했다.

책상 위에 작은 수첩을 두고, "오늘은 조금 더 부드럽게."

"오늘은 덜 조급하게." 그 문장들이 내 인생의 악보였다.

나는 이제 안다. 일은 시이고, 노동은 노래다.

그 리듬은 사람을 닮았고, 그 음정은 사랑을 닮았다.

때로는 낮게, 때로는 높게 흔들리지만, 결국 하나의 곡으로 완성된다.

내가 남기고 싶은 인생의 문장은 하나다.

"일하며 살아온 모든 날이 나의 시였고, 나의 예배였다."

이제 나는 일의 언어를 완전히 이해했다.

그것은 소리 없는 시, 끊임없이 울리는 노래,

그리고 사람이 사람에게 건네는 가장 오래된 인사였다.

"오늘도 수고했어요."

그 말 한마디에 모든 노동의 존엄이 담겨 있다.

사람은 누구나 자신이 돌아가야 할 '흙'을 품고 산다.

나는 그 흙의 냄새를 잊지 못한다.

어린 시절, 새벽마다 들려오던 닭 울음소리와

차가운 바람이 얼굴을 스치던 그 골목,

그곳이 내가 처음 세상을 배운 교실이었다.

내가 태어난 마을은 늘 흙먼지로 가득했다.

비가 오면 흙은 진흙이 되고,

해가 나면 다시 바람에 날아가 옷에 붙었다.

그 흙을 싫어한 적이 없다. 그것은 나를 키운 냄새였다.

지금도 빗물이 섞인 흙냄새를 맡으면

이상하게 마음이 편안해진다. 세상은 그렇게 냄새로 기억된다.

아버지는 말수가 적은 분이었다.

일터에서 돌아오면 늘 손부터 씻으셨다.

그 손등에는 상처가 많았고, 물에 젖으면 하얗게 갈라졌다.

어릴 때는 그것이 이상하게 자랑스러웠다.

'저 손이 우리를 먹여 살리는구나.'

아버지는 가끔 나를 바라보며 짧게 말씀하셨다.

"성제야, 일은 시키는 것이 아니야. 손이 먼저 움직여야지."

그 한마디가 지금도 내 마음에 남아 있다.

손이 먼저 움직일 때, 마음은 게으름을 잃는다.

어머니는 늘 흙과 가까이 있었다.

공터 조그마한 텃밭을 일궈 밭일을 하면서도

손끝으로 풀을 뽑고, 조용히 흙을 다듬었다.

그 손길은 거칠었지만, 그 안에는 온기가 있었다.

나는 그 손을 볼 때마다

'사람의 품위는 일하는 손끝에서 나온다'라는 것을 배웠다.

나는 어릴 적부터 일을 도왔다.

양동이를 들고 우물가로 가거나, 마당을 쓸고, 닭장 문을 닫는 일.

아무것도 아닌 그 시간이

지금의 나를 만들었다.

노동은 그때 이미 내 안에 있었던 것이다.

그때는 몰랐다. 그 단순한 일들이 내 마음의 근육을 길러주고 있었음을.

어느 날, 아버지가 말했다.

"사람은 땅을 밟아야 산다."

그 말의 뜻을 이해하는 데 30년이 넘게 걸렸다.

도시의 빌딩 속에서 일하다가도 문득 흙냄새가 그리웠던 것은,

내 안의 뿌리가 그곳에 있었기 때문이다.

나는 가끔 꿈을 꾼다. 어릴 적, 비 오는 날

아버지와 함께 시골길 밭두렁을 걷던 꿈.

빗방울이 흙을 때리고, 신발 밑에서 미끄럽게 흘러내리던 그 감각.

그 감촉이 아직도 생생하다.

그것은 단순한 기억이 아니라 삶의 문법이었다.

그 흙길을 걸으며 나는 배웠다.

'일이란, 결국 세상과 발을 맞추는 일이다.'

이제 나는 이해한다. 왜 아버지가 늘 묵묵했는지,

왜 어머니가 손을 멈추지 않았는지.

그들의 침묵 속에는 사랑이 있었고, 그 사랑이 나를 이끌었다.

삶은 화려한 구호가 아니라, 묵묵한 손끝의 연속이다.

그 손끝에서 세상은 자라고, 그 흙 위에서 인간은 배운다.

나는 흙에서 태어나 흙을 밟으며 일했고,

이제 흙을 닮은 마음으로 살아간다.

언젠가 다시 그 흙으로 돌아가더라도,

내가 흘린 땀과 사랑이 누군가의 삶에 남는다면, 그것으로 충분하다.

세상에는 오래 남는 향기가 있다.

그것은 향수나 꽃내음이 아니라, 사람의 마음에서 피어나는 향기다.

나는 일을 하며 그런 향기를 자주 맡았다.

그것은 땀 냄새와 먼지 속에서도 사라지지 않았다.

  밥은 먹고 다니냐 – '사람'을 남긴다는 것

어릴 적 나의 선생님들은 말보다 표정으로 가르쳤다.

그는 늘 이렇게 말했다.

"성제야, 일 잘하는 건 재주고, 사람을 남기는 건 품격이다."

그 말을 처음 들었을 때는 뜻을 몰랐다.

하지만 시간이 지나며 깨달았다. 품격은 일을 마친 후에도 남는 향기다.

그 향기가 사람의 기억 속에서 오래 산다.

나는 수많은 현장에서 사람을 만났다. 함께 울고, 함께 실패하고, 함께 웃던 그 얼굴들.

그들의 손길과 목소리가 아직도 귓가에 남아 있다.

늦은 어느 날 밤, 한 직원이 문득 내게 말했다.

"대표님, 오늘은 이상하게 마음이 따뜻해요."

나는 그냥 고개를 끄덕였다.

아무 말도 하지 않았지만, 그날의 공기는 유난히 부드러웠다.

그것은 서로의 마음이 닿았기 때문이다.

협회 시절, 한 동료가 있었다. 그는 늘 분주했지만, 항상 커피 한 잔을 건네며 웃었다.

그의 말버릇은 이랬다.

"일은 바빠도, 사람은 급히 대하지 마."

그 한 문장이 나를 오래 따라왔다. 일의 성과는 잊혀도, 사람의 여유는 남는다.

그 여유가 바로 향기의 근원이었다.

나는 지금도 그때의 학생들을 기억한다.
그중 한 명은 어린 시절 내 방과 후 컴퓨터 수업을 듣고
훗날 교사가 되었다.
그가 어느 날 내게 이렇게 말했다.
"선생님, 저는 그때 선생님의 '손'이 기억나요.
컴퓨터 모니터 화면을 가리키던 그 손, 교재를 넘기던 그 손."
나는 웃으며 대답했다.
"그 손이 너를 키웠다면, 이제는 네 손이 누군가를 키워야지."
그 순간, 시간의 냄새가 피어올랐다. 그것은 세대가 이어지는
향기였다.

이제 나는 안다. 사람의 향기는 말보다 오래간다는 것을.
시간이 지나면 기억은 희미해져도 그 사람이 남긴 온도는 사라
지지 않는다.
그 온도는 냄새처럼 공기 속에 섞여 문득 스쳐온다. 그럴 때마
다 나는 속삭인다.
"아, 아직도 그 향기가 남아 있구나."

일을 오래 하다 보면 사람을 잃을 때가 있다.
그러나 그들이 남기고 간 향기는 사라지지 않는다.
그 향기가 내 삶의 문장 사이사이에서 피어난다.

　밥은 먹고 다니냐 – '사람'을 남긴다는 것

나는 그 향기로 오늘도 산다. 사람이 사람을 남긴다는 것은,
결국 향기를 남긴다는 말과 같다.

나는 오래전부터 믿음과 일을 따로 구분하지 못했다.
나에게 신앙은 교회 안이 아니라, 매일의 일터에서 숨 쉬었다.
기도는 말이 아니라 손의 움직임이었고, 예배는 하루의 자세
였다.

새벽의 고요 속에서 손을 씻을 때면, 물소리가 내 안의 불안을
씻어내렸다.
그것은 의식이 아니라 훈련이었다.
깨끗이 씻은 손으로 하루를 시작하는 것, 그 자체가 나에게는
예배였다.
어떤 날은 그 단순한 행위 속에서 묘한 평안을 느꼈다.
세상이 어지러워도 손끝이 맑으면 마음도 가벼워졌다.

나는 일터에서 많은 믿음을 보았다.
십자가를 달지 않아도, 성경을 읽지 않아도,
자기 일에 진심인 사람에게서 나는 신의 숨결을 느꼈다.
어느 요양원의 조리사는 식사를 나르며 늘 이렇게 말했다.
"대표님, 오늘도 감사한 하루예요."
그 말에는 종교보다 더 큰 신앙이 있었다.
그녀는 하루 세 끼 밥을 통해 사람을 섬기고 있었다. 그 섬김이

바로 믿음이었다.

　어느 날, 회계 서류를 정리하던 늦은 밤이었다.
　모니터 불빛이 희미하게 책상 위를 비췄다.
　그 순간, 문득 이런 생각이 들었다.
　'하나님은 나의 성공보다 나의 태도를 더 보시겠지.'
　그 생각이 내 마음을 고요하게 만들었다.
　성과보다 정직, 속도보다 진심, 그 두 가지가 내 믿음의 기준이
되었다.

　나는 신앙을 종교의 이름으로 부르지 않는다.
　그것은 하루의 결심이다. 오늘 하루, 사람답게 살겠다는 다짐,
그것이 곧 신앙이었다.
　그래서 나는 기도보다 행동을 먼저 한다.
　행동 속에 신이 숨어 있다고 믿기 때문이다.

　품위란, 그런 신앙이 만든 결실이다. 품위 있는 사람은 조용하다.
　그는 자기 일의 무게를 알고, 그 무게를 두려워하지 않는다.
　나는 그런 사람을 볼 때마다 숙연해진다.
　세상은 그들을 알아보지 못하지만, 그들의 존재가 세상을 지탱
한다.

　어느 날, 한 노인이 내게 말했다.

"성제 선생, 인생은 결국 품위 싸움이야."

그 말이 마음에 오래 남았다.

품위는 남에게 보이기 위한 것이 아니라, 자신의 신앙을 지키는 방식이었다.

나는 이제 안다. 신앙은 머리가 아니라 손끝에 있고,

품위는 옷이 아니라 태도에 있다.

그 두 가지가 합쳐질 때 비로소 인간은 온전해진다.

나는 오늘도 기도처럼 일한다. 그게 내가 세상과 맺은 가장 깊은 신앙의 약속이다.

모든 길의 끝에는 흙이 있다.

사람은 흙에서 나와 흙으로 돌아가지만,

그 사이의 시간 동안 각자 다른 꽃을 피운다.

내가 피운 꽃은 '일'이었다. 누군가에게는 평범한 노동이었겠지만,

나에게는 신앙이자 삶의 노래였다.

나는 오래전부터 생각했다.

'사람은 일의 방식으로 자신을 드러낸다.'

어떤 이는 말로 세상을 꾸미고, 어떤 이는 손으로 세상을 일군다.

나는 후자를 택했다. 손이 닳아도 좋았다.

그 손끝이 사람의 마음에 닿을 수 있다면, 그것으로 충분했다.

내가 걸어온 길은 단순하지 않았다.

때로는 무너졌고, 때로는 배신당했으며,

때로는 세상의 조롱 속에 홀로 남았다.

하지만 그 모든 시간 속에서도 나는 '일'을 놓지 않았다.

왜냐하면 일은 내게

존재의 근거이자, 회복의 언어였기 때문이다.

어릴 적 시골길 밭두렁에서 배우던 그 감각,

손끝의 흙, 이마의 땀, 그것이 세상의 첫 수업이었다.

이제 돌아보니, 그때의 흙이 지금 내 마음의 밑바탕이 되어 있다.

사람의 인생은 결국, 그가 딛고 선 흙의 질감으로 결정된다.

단단한 흙 위의 사람은 쉽게 흔들리지 않는다.

나는 일을 통해 세상을 배웠지만, 결국 사람을 통해 삶을 이해
했다.

사람은 거울이었다.

그들의 표정 속에서 내 모습을 봤고, 그들의 손끝에서 내 마음
을 읽었다.

그렇게 나는 조금씩 '사람다움'을 배웠다.

언젠가 누군가 내게 물었다.

"대표님은 일하면서 뭐가 제일 힘들었어요?"

나는 잠시 생각하다 이렇게 대답했다.

　밥은 먹고 다니냐 - '사람'을 남긴다는 것

“사람을 잃는 게 제일 힘들었어요.

하지만 그 사람을 미워하지 않으려는 게 제일 큰 공부였죠.”

나는 이런 말을 자주 하곤 한다.

“오는 사람 안 말리고 가는 사람 안 잡는다.”

그 말을 하면서 마음속에서 오래된 빛이 스쳤다.

그것은 용서의 빛이었다.

세상은 빠르게 변하고, 사람은 쉽게 잊는다.

그러나 나는 믿는다. 진심으로 일한 시간만은 결코 사라지지 않는다고.

그것은 흙처럼 남는다. 시간이 흘러도, 비가 와도, 그 흔적은 땅속 깊이 스며든다.

이제 나는 안다. 삶은 결국 흙과 같다.

밟히고, 더럽혀지고, 쓸려나가도

그 흙은 다시 꽃피운다. 사람의 마음도 그렇다.

상처받고 무너져도,

다시 사랑을 피워 올린다.

언젠가 나의 시간이 다하면 누군가는 이렇게 말해주길 바란다.

“그는 흙에서 피어난 사람이었다.”

그 말 한마디면 충분하다.

그 말 안에는 내가 걸어온 모든 날이 들어 있으니까.

흙에서 피어나, 사람을 사랑하며, 품위로 살아내고,
다시 흙으로 돌아가는 길. 그것이 내 인생의 순환이었다.

나는 흙의 아들이었다.
그 흙에서 일의 언어를 배웠고, 사람을 사랑하는 법을 익혔으며,
신앙과 품위의 뜻을 깨달았다.
이제 그 모든 것을 하나의 문장으로 남긴다.

"사람은 흙에서 배우고, 일로 단단해지며, 사랑으로 완성된다."

그것이 내가 살아온 전부이고, 나의 인생이 들려준 가장 조용
한 시였다.

2부

내가 읽은 책,
내가 겪은 세상

1장

책 속에서 길을 찾다

"책은 내게 세상을 보여주었고,
세상은 내게 책의 의미를 가르쳐주었다."

책을 읽는다는 것은, 나에게 단순한 취미가 아니었다.
그것은 생존이었다.
길을 잃을 때마다 나는 책을 폈고,
그 안에서 방향을 찾았다.

나는 늘 '책 속에서 세상을 본 사람'이었다.
그러나 동시에 '세상 속에서 책을 다시 읽는 사람'이기도 했다.
책은 나를 가르쳤지만,
세상은 그 가르침이 진짜인지 시험했다.

20대 초반, 나는 데일 카네기(Dale Carnegie)의 《인간관계론》을 만났다.

당시 나는 사람 사이에서 자주 상처받고, 오해를 받기도 했다.

'왜 나는 이렇게 말이 서툴까?'
그 책을 읽으며 나는 처음으로 깨달았다.
말은 기술이 아니라, '마음의 태도'라는 것을.

그날 이후, 나는 말하기보다 '듣기'를 연습했다.
상대의 눈을 바라보고, 말의 뒤에 숨은 마음을 읽으려 했다.
그러자 놀라운 일이 일어났다.
사람들이 달라진 것이 아니라,
'내가 달라지자 세상이 바뀐 것처럼' 느껴졌다.

나는 그때부터 사람을 얻는 법을 배웠다. 그리고 깨달았다.

"관계는 설득이 아니라 이해로 쌓인다."

☕ 잠시 머물며

"사람을 얻는다는 건, 마음을 얻는 것이다." – 성 제

"타인을 바꾸려고 하지 말고, 먼저 이해하라." – 데일 카네기

어느 해 겨울, 나는 엠제이 드마코(MJ DeMarco)의 《부의 추월
차선》을 읽었다.

처음에는 그 책의 제목이 불편했다.

'부'라는 단어가 마치 욕심처럼 들렸다.

그러나 읽을수록 깨달았다.

그 책은 돈이 아닌, 시간의 주도권에 관한 이야기였다.

나는 나의 시간을 '돈'으로 팔고 있었고,

그것이 얼마나 불안한 방식인지 뒤늦게 알았다.

그날 이후, 나는 '시간을 사고파는 사람'이 아니라,

'시간을 설계하는 사람'이 되기로 했다.

이 깨달음은 내 사업 철학의 뼈대가 되었다.

누군가는 돈을 좇지만, 나는 시간을 지배하기로 했다.

그리고 그것이 진짜 부의 시작이었다.

☕ 잠시 머물며

"부는 통장의 숫자가 아니라, 시간의 자유다." – 성 제

"가난이란 돈이 없는 것이 아니라, 선택할 시간이 없는 것이다."

– 엠제이 드마코

세 번째 장면 – 말의 힘을 배운 날

나는 셀레스트 헤들리(Celeste Headlee)의 《말센스》를 읽으며
'대화'라는 단어를 다시 배웠다.
그 책은 내게 이렇게 속삭였다.

"대화는 상대를 이기는 기술이 아니라, 연결의 예술이다."

현장에서는 늘 사람과 부딪혔다.
감정이 다르고, 속도가 달랐다.
그럴 때마다 나는 말로 설득하려 했지만,
결국 말보다 '태도'가 더 중요하다는 것을 배웠다.

나는 이제 말할 때마다 이렇게 다짐한다.
'내가 옳음을 말하는 대신,
상대가 존중받는 대화를 만들자.'

그렇게 바뀌니, 사람들은 내 말을 듣기 시작했다.
왜냐하면 이제 내 말에는 나 자신이 담겨 있었기 때문이다.

☕ 잠시 머물며

"말은 기술이 아니라 품격이다." – 성제

"당신의 말은 당신의 세계를 만든다." – 셀레스트 헤들리

네 번째 장면 – 행동의 철학

내게 가장 큰 충격을 준 책은
스티븐 코비(Stephen Covey)의 《성공하는 사람들의 7가지 습관》이었다.
그 책은 나를 흔들어 깨웠다.
'인생은 반응이 아니라 선택이다.'

나는 늘 상황 탓을 하며 살았다.
그런데 코비는 내게 말해주었다.

"당신은 늘 선택하고 있었다."

그 문장은 내 일과 관계, 인생의 패턴을 바꾸었다.
그 이후로 나는 어떤 일이 닥쳐도
'내가 선택한 결과'로 받아들였다.
책 한 권이 내 인생의 나침반이 되었다.

☕ **잠시 머물며**

"선택이 곧 인생이다." – 성 제

"주도적 삶은 태도에서 시작된다." – 스티븐 코비

나는 지금도 책을 읽는다.

책을 읽는다는 것은,

누군가의 생각 속으로 걸어 들어가는 일이다.

그 속에서 나는 나를 본다.

책은 내게 답을 주지 않았다.

대신 묻는 법을 가르쳐주었다.

"너는 왜 그렇게 사는가?"

그 질문 하나로

나는 수많은 길을 돌아 나왔다.

그리고 깨달았다.

책을 읽는다는 것은,

결국 '나를 다시 쓰는 일'이라는 것을.

☕ <u>잠시 머물며</u>

"책은 나를 성장시키는 거울이었다." – 성 제

"읽는다는 것은, 다시 태어나는 일이다." – 제임스 앨런(James Allen)

2장

현장에서 철학을 만나다

"철학은 사색의 언어가 아니라, 현장에서 증명되는 실천의 문장이다."

나는 한때 철학을 어려운 학문이라 생각했다.
두꺼운 책 속에서나 살아 숨 쉬는 추상적인 개념들,
현장과는 아무 상관 없는 이야기라고 여겼다.
하지만 일터의 매서운 공기와 사람들의 표정 속에서
나는 전혀 다른 철학을 발견했다.
그것은 삶의 언어로 번역된 철학이었다.

현장은 늘 냉정했다.
거기에는 변명도, 이론도 통하지 않았다.
대신 "지금, 이 순간 어떻게 선택하느냐"가 전부였다.
그 속에서 나는 깨달았다.

철학은 '생각'이 아니라 '결정의 온도'라는 것을.

첫 번째 장면 – 공자의 가르침, 그리고 말 한마디의 무게

나는 현장에서 늘 공자(孔子)의 말을 떠올렸다.
"군자는 말에 앞서 행함이 있어야 한다."

회의 중 감정이 격해질 때,
상대의 실수를 지적하고 싶을 때,
그 말 한마디를 꾹 삼켰던 날이 많았다.
그것이 공자의 철학을 '실천한' 순간이었다.

어느 날, 한 직원이 내게 말했다.
"대표님은 화를 잘 안 내세요."
나는 웃으며 대답했다.

"화를 안 내는 게 아니라, 화를 '삼키는 시간'을 배우고 있는 거야."

그때 알았다.
철학은 '지식'이 아니라 '절제의 근육'이었다.

☕ <u>잠시 머물며</u>

"철학은 머리가 아니라 혀끝에서 증명된다." – 성 제

"군자는 말보다 행함으로 드러난다." – 공자

나는 아리스토텔레스(Aristoteles)의 《니코마코스 윤리학》을 읽
으며 '중용(中庸)'의 의미를 다시 배웠다.

그것은 단순히 '적당히 하라'라는 뜻이 아니었다.

중용은 가장 뜨거운 열정 속에서 균형을 잃지 않는 용기였다.

현장에서 리더십은 늘 극단 사이의 줄타기였다.

냉철함과 따뜻함, 원칙과 융통성, 이익과 양심.

나는 그 사이를 수백 번 오갔다.

한 번은 거래처의 잘못으로 큰 손해를 봤다.

감정적으로 대응하고 싶었지만,

나는 차분히 계약서 조항을 하나하나 짚으며 말했다.

"우리가 이긴다고 모두가 행복해지는 건 아닙니다."

그날의 선택은 손해였지만,

시간이 지나 그 거래처는 가장 신뢰 깊은 파트너가 되었다.

그것이 중용의 힘이었다.

☕ **잠시 머물며**

"진짜 균형은 고요한 마음에서 나온다." – 성 제

"덕이란 감정의 중용을 지키는 습관이다." – 아리스토텔레스

세 번째 장면 – 스티븐 코비의 습관, 그리고 신뢰의 경영

현장에서 배운 철학 중 가장 현실적인 것은,
코비의 "신뢰는 반복된 선택의 결과다"라는 말이었다.

나는 조직을 이끌면서 늘 '신뢰의 속도'를 느꼈다.
신뢰가 쌓이면 일은 자연스럽게 굴러갔고,
의심이 생기면 모든 일이 멈췄다.

어느 날, 한 직원이 큰 실수를 했다.
회의실은 냉랭했고, 모두가 그를 비난했다.
나는 조용히 말했다.

"지금 필요한 건 질책이 아니라, 회복이야."

그날 이후 그 직원은 두 배로 성장했고,
조직은 신뢰의 공기를 다시 찾았다.
철학은 그렇게, 하루의 언행 속에서 숨 쉬고 있었다.

☕ **잠시 머물며**

"신뢰는 말보다 반복된 선택으로 쌓인다." – 성 제

"진정한 리더십은 신뢰의 언어로 시작된다." – 스티븐 코비

《죽음의 수용소에서》를 처음 읽었을 때,
나는 밤새 책을 덮지 못했다.
프랭클은 말했다.

"삶의 의미를 찾을 수 있다면, 어떤 고통도 견딜 수 있다."

나는 그 말을 '현장'에서 이해했다.
직원들이 지치고, 거래가 무너질 때마다
나는 '우리가 왜 이 일을 하는가'라는 질문으로 돌아갔다.

그때마다 답은 단순했다.

"사람을 살리는 밥상을 짓는 일."

그 문장은 나를 다시 일으켜 세웠고,
모든 현장에 철학의 숨을 불어넣었다.

☕ 잠시 머물며

"의미를 잃은 일에는 영혼이 없다." – 성 제

"삶의 의미를 아는 사람은, 어떤 고난도 이긴다." – 빅터 프랭클(Viktor Frankl)

다섯 번째 장면 – 철학은 결국, 사람이다

나는 이제 안다.

철학은 머리로 배우는 것이 아니라,

사람을 통해 깨닫는 것이다.

현장은 늘 사람으로 시작해 사람으로 끝났다.

책은 나를 가르쳤지만,

사람은 나를 변화시켰다.

그 두 세계가 만날 때,

비로소 진짜 배움이 일어났다.

☕ 잠시 머물며

"철학은 삶 속의 언어다." – 성 제

"사람이야말로 가장 완전한 철학이다." – 헨리 나우웬

3장

신뢰의 경제학, 관계의 철학

"신뢰는 세상에서 가장 느리게 쌓이고, 가장 빨리 무너지는 자산이다."

내가 평생 현장에서 깨달은 진실이 있다면 그것은,
'신뢰가 곧 경제'라는 사실이다.
회사의 성장은 숫자가 아니라 사람의 약속 위에 세워진다.
거래의 핵심은 계약서가 아니라 마음의 무게다.

젊은 시절에는 몰랐다.
신뢰를 주는 일보다 받는 일을 더 중요하게 여겼다.
하지만 세월이 지나며 깨달았다.
신뢰란 받는 것이 아니라, '먼저 내어주는 용기'에서 시작된다
는 것을.

한 번은 오래 거래하던 업체가 큰 실수를 저질렀다.
계약상으로는 손해배상을 청구할 수 있었고,
주변에서는 모두 그렇게 하라고 했다.

나는 며칠을 고민하다가
그 대표를 조용히 불러 따뜻한 차를 건넸다.

"괜찮습니다. 저도 그 시절에 같은 실수를 한 적이 있습니다."

그의 눈가가 붉어졌다.
며칠 뒤 그는 새벽에 내게 문자를 보냈다.

"선생님, 다시 시작하겠습니다."

그 한 문장이 나를 울렸다.
그때 나는 알았다.
신뢰는 손해에서 시작된다는 것을.

☕ 잠시 머물며

"신뢰는 손해를 감수할 때 자란다." – 성제

"믿음이 없는 거래는 결국 파멸을 부른다." – 제임스 앨런

두 번째 장면 – 보이지 않는 이익

사업을 하다 보면 숫자와 싸워야 할 때가 많다.

그러나 나는 언제부턴가 숫자보다 '사람의 표정'을 먼저 보게 되었다.

엑셀 시트에는 적히지 않지만,

그 표정 속에는 진짜 이익이 숨어 있었다.

어느 날, 회의에서 누군가 이렇게 말했다.

"대표님, 이 거래는 수익이 거의 없습니다."

나는 고개를 끄덕였다.

"그래도 해야 합니다. 신뢰는 이익보다 오래 갑니다."

몇 해 뒤, 그 고객이 회사의 큰 프로젝트를 맡겼다.

그때 사람들은 놀랐다.

하지만 나는 알고 있었다.

그것은 하루아침에 생긴 일이 아니라,

'보이지 않는 이익'이 천천히 쌓여온 결과였다.

☕ **잠시 머물며**

"신뢰는 복리로 성장한다." – 성 제

"이익은 숫자로 남지만, 신뢰는 이름으로 남는다." – 스티븐 코비

나는 사람 사이의 관계를 '온도'로 기억한다.

말은 잊히지만, 온도는 남는다.

그 온도가 따뜻할수록, 일은 잘 풀렸다.

어느 날 직원이 고객과의 실수를 숨기려 했다.

나는 그를 불러 조용히 말했다.

"거짓은 한겨울보다 춥다. 하지만 솔직함은 얼음도 녹인다."

그날 이후, 그 직원은 내 곁에서 오래 일했다.

관계의 철학은 결국 '따뜻함의 반복'이었다.

☕ 잠시 머물며

"관계는 기술이 아니라 체온이다." – 성 제

"진심은 가장 단순하면서도 가장 강력한 언어다." – 헨리 나우웬(Henri Nouwen)

나는 협동조합을 세우며

'협동'이라는 단어의 무게를 처음 알았다.

처음에는 함께한다는 것이 단순히 '일을 나누는 것'이라 생각
했다.

그러나 시간이 지나 깨달았다.

진짜 협동은 '책임을 나누는 것'이었다.

회의 때마다 의견이 부딪혔고,

때론 나도 상처받았다.

하지만 서로를 향한 신뢰가 무너지지 않도록

나는 늘 한마디를 잊지 않았다.

"우리가 싸우는 이유는, 더 나은 길을 찾고 있기 때문이다."

그 말 한마디가 공동체를 붙잡았다.

☕ 잠시 머물며

"협동은 타협이 아니라 존중이다." – 성제

"진짜 연대는 의견이 같아서가 아니라, 목적이 같기 때문에 가능하다."

– 빅터 프랭클

나는 이제 확신한다.

세상에서 가장 높은 수익률은 '신뢰'에서 나온다.

신뢰는 시간을 투자해야 얻을 수 있고,

그 시간은 절대 헛되지 않다.

신뢰는 눈에 보이지 않지만,

모든 숫자와 결과를 움직인다.

거래처, 직원, 고객, 심지어 가족까지,

그 모든 관계의 중심에는 신뢰가 있다.

그리고 나는 이렇게 정의한다.

"신뢰란, 상대가 당신의 부재 속에서도

여전히 당신을 믿는 상태다."

☕ **잠시 머물며**

"신뢰는 인생의 가장 값비싼 통화다." – 성 제

"인간의 위대함은 신뢰할 줄 아는 능력에서 시작된다."

– 도스토옙스키(Dostoevskii)

4장

일의 본질, 그리고 존엄

"일은 인간이 세상을 사랑하는 방식이다."

일을 하면서 가장 많이 들었던 질문이 있다.
"왜 그렇게까지 하세요?"
그때마다 나는 웃으며 대답했다.
"일은 나를 살아 있게 만드는 숨이니까요."

젊은 시절, 나는 '일'을 돈으로만 계산했다.
그러다 어느 순간 깨달았다.
일은 단순히 생계를 유지하는 수단이 아니라,
존재를 증명하는 언어라는 것을.
일을 대하는 태도에는 그 사람의 철학이 묻어난다.

첫 번째 장면 – 첫 일의 기억

나는 스무 살 무렵, 처음으로 월급을 받았다.
손에 쥔 돈보다 더 인상 깊었던 것은,
그 돈을 벌기까지 쌓인 '시간'의 무게였다.
그날 집으로 돌아와
어머니께 조심스레 봉투를 내밀었다.
어머니는 한참을 말없이 바라보다가
"수고했다" 한마디를 건네셨다.

그 짧은 말이 내 인생의 첫 상이었다.
그날 이후 나는 알았다.
'일의 대가는 돈이 아니라 존중'이라는 것을.

☕ **잠시 머물며**

"일의 대가는 돈이 아니라 의미다." - 성 제

"노동은 인간이 자신을 완성하는 과정이다." - 아리스토텔레스

회사를 세우고, 현장에서 수십 명의 손이 움직이는 모습을 보았다.

그때 나는 매일 묻곤 했다.

'우리는 일을 하는가, 아니면 일에 끌려가는가.'

어느 날, 한 직원이 말했다.

"대표님, 우리는 사람이 아니라 기계가 된 것 같아요."

그 말은 내 가슴을 찔렀다.

그날 밤, 나는 직원들의 근무표를 다시 펼쳐놓고,

한 명, 한 명의 이름을 보며 다짐했다.

"나는 이들을 숫자로 기억하지 않겠다."

일이란, 효율 이전에 존중의 기술이었다.

☕ 잠시 머물며

"일의 목적은 생산이 아니라 존엄이다." – 성 제

"인간을 수단으로 대할 때, 조직은 생명을 잃는다." – 칸트(Kant)

세 번째 장면 – 실패의 자리에서 배운 품격

일을 하면서 수많은 실패를 겪었다.
계약이 끊기고, 고객이 돌아서고,
신뢰가 무너지는 순간마다
나는 나 자신을 돌아보았다.

하지만 이상하게도,
가장 깊이 배운 건 성공이 아니라 실패의 자리였다.
그때마다 나는 일의 본질이
'결과'가 아니라 '과정'에 있다는 것을 깨달았다.
무너져도 품위를 잃지 않는 사람,
그것이 진짜 프로였다.

☕ <u>잠시 머물며</u>

"품격은 결과보다 오래 남는다." – 성 제

"실패 속에서도 존엄을 잃지 않는 것이 인간의 위대함이다." – 빅터 프랭클

네 번째 장면 – 일의 철학을 세우다

시간이 흐르며 나는 일의 철학을 세웠다.
그것은 복잡하지 않았다.

"일은 생존이 아니라 표현이다."

나는 내 일을 통해 나를 표현하고 싶었다.
한 끼의 식사, 한 장의 문서, 한 번의 회의.
그 안에도 '나의 철학'이 깃들어야 했다.
그것이 바로, 존엄한 노동의 미학이었다.

☕ 잠시 머물며

"일은 철학을 드러내는 예술이다." – 성 제

"자신의 일을 사랑하는 자만이 자유롭다." – 도스토옙스키

다섯 번째 장면 – 일의 끝에서 남는 것

이제 나는 안다.

일은 결국, 내가 세상에 남기는 '흔적'이다.

돈은 사라지고, 명함은 바뀌어도

내가 만들어온 '방식'은 남는다.

언젠가 후배가 내게 물었다.

"선배님, 일에서 가장 중요한 것이 무엇입니까?"

나는 잠시 생각하다 이렇게 답했다.

"일은 결과가 아니라 태도야. 그 태도가 결국 너의 인생이 된다."

☕ **잠시 머물며**

"일은 인간의 존엄을 증명하는 가장 아름다운 행위다." – 성 제

"삶은 우리가 일하는 방식으로 완성된다." – 제임스 앨런

5장

리더십의 본질, 영향력의 윤리

"진짜 리더십은 사람을 움직이는 기술이 아니라, 사람을 존중하는 윤리에서 시작된다."

나는 리더라는 단어를 오랫동안 오해했다.
처음에는 '앞장서는 사람'이라 생각했고,
 그다음에는 '결정을 내리는 사람'이라 믿었다.
하지만 세월이 지나며 깨달았다.

리더란 결국,
자신이 아닌 타인의 빛을 키우는 사람이라는 것을.

첫 번째 장면 – 권력의 착각

한때 나는 리더가 된다는 것은
권한을 갖는 일이라고 생각했다.
내 말 한마디에 일이 움직이고,
사람들이 나를 따르는 것 같았다.

하지만 어느 날, 한 직원이 회의 후 조용히 말했다.
"대표님, 요즘은 무서워서 말하기가 힘듭니다."

그 말이 내 귓가에서 오래 울렸다.
그날 밤, 나는 내 일기장에 이렇게 썼다.

"나는 리더인가, 아니면 관리자에 불과한가."

그 순간 깨달았다.
권력은 리더십의 언어가 아니라, 리더십의 함정이었다.

☕ **잠시 머물며**

"리더십은 권력의 문제가 아니라 책임의 문제다." – 성 제

"진짜 권위는 강요가 아니라 신뢰에서 나온다." – 스티븐 코비

리더의 자리는 결정의 연속이었다.
그 결정은 늘 누군가의 인생과 연결되어 있었다.
그래서 나는 점점 말을 줄였다.
'말보다 결정을 조심하자'라는 것이 내 원칙이 되었다.

한 번은 회사의 구조조정이 불가피했다.
누군가를 내보내야 하는 순간이었다.
나는 밤새 그 사람의 이름을 바라보다가
결국 결정을 미뤘다.

다음 날, 그는 먼저 찾아와 말했다.

"대표님, 저를 살려주셨네요."
나는 고개를 저었다.
"그게 아니라, 내가 아직 당신에게 배워야 할 게 있어서요."

리더의 결정은 언제나 윤리의 무게를 견뎌야 했다.

☕ **잠시 머물며**

"결정의 무게는 리더의 품격을 가른다." – 성제

"윤리 없는 결단은 언제나 파괴를 낳는다." – 제임스 앨런 리더십이란, 결국 '영향력'이다.
그러나 그 영향력은 말로 얻는 것이 아니다.
사람들은 당신이 무엇을 말했는지보다
어떻게 살았는지를 기억한다.

나는 늘 말보다 '태도'로 가르치려고 했다.
회의 시간의 침묵, 작은 실수를 감싸주는 한마디,
그 모든 순간이 리더십의 언어였다.

시간이 지나고 보니,
진짜 영향력은 '존경'이 아니라 '신뢰' 위에 세워져 있었다.

☕ **잠시 머물며**

"영향력은 지위가 아니라 신뢰의 파생물이다." – 성 제

"당신의 삶이 곧 당신의 리더십이다." – 빅터 프랭클

네 번째 장면 – 겸손의 기술

리더에게 가장 필요한 건 '겸손'이었다.
겸손은 약함이 아니라,
자신의 한계를 아는 강함이었다.

나는 회의 중 종종 이렇게 말했다.
"내 생각이 틀릴 수도 있습니다."
그 말 한마디가 사람들의 표정을 바꿨다.
조직이 살아 움직이기 시작했다.

리더가 완벽하려고 하면 조직은 숨을 잃는다.
리더가 인간일 때,
사람들은 인간답게 일한다.

☕ <u>**잠시 머물며**</u>

"겸손은 리더십의 가장 높은 형태다." – 성 제

"지도자는 자신이 틀릴 수 있음을 인정할 때 위대해진다."

– 톨스토이(Leo Tolstoy)

다섯 번째 장면 – 리더의 길, 인간의 길

나는 이제 안다.

리더십은 경영 이론이 아니라 인간 수업이었다.

사람을 알아가고,

스스로를 다스리고,

때로는 울고, 용서하고, 기다리는 일.

리더는 '길 앞에 선 사람'이 아니라,

'길 위에서 함께 걷는 사람'이다.

그 길의 끝에서 남는 것은

이익도, 지위도 아닌 사람의 온기였다.

☕ 잠시 머물며

"리더십은 결국 인간에 대한 깊은 존중이다." – 성 제

"가장 위대한 리더는 가장 인간적인 리더다." – 헨리 나우웬

부와 시간, 그리고 자유의 철학

"부는 돈이 아니라, 선택할 수 있는 자유의 또 다른 이름이다."

나는 젊은 시절, '부자'라는 단어를 싫어했다.
그 단어는 탐욕처럼 들렸고,
마치 인간의 가치를 숫자로 환산하는 냉혹한 소리처럼 느껴졌다.

하지만 세상을 오래 살며 깨달았다.
부란, 단지 돈의 문제가 아니라 삶의 주도권이었다.
시간을 누가 소유하느냐,
그것이 진짜 부의 본질이었다.

사업을 하며 처음으로 큰돈을 벌었을 때,
나는 잠시 '이제 자유로워졌다'고 착각했다.
하지만 이상하게도 그때가 가장 바빴고,
가장 피곤했다.

그제야 깨달았다.
돈이 늘어날수록 시간은 줄어드는 구조 속에 있었다.
그 후로 나는 결심했다.

"돈을 벌기 위해 시간을 쓰는 인생이 아니라,
 시간을 지키기 위해 돈을 다루는 인생을 살자."

그날 이후, 나는 부의 정의를 바꿨다.
'부란, 내 시간을 스스로 선택할 수 있는 능력'이었다.

☕ <u>**잠시 머물며**</u>

"돈을 버는 게 아니라, 시간을 벌어라." – 성 제

"부는 통장에 쌓이는 것이 아니라, 하루의 주도권에 있다." – 엠제이 드마코

두 번째 장면 – 속도의 덫에서 벗어나기

한때 나는 세상의 속도를 쫓았다.

더 많은 거래, 더 빠른 성장, 더 큰 목표.

그러나 그 끝에는 허무가 있었다.

언제나 "조금만 더"라는 말이 나를 쫓았다.

그때 만난 책이 그렉 맥커운(Greg Mckeown)의 《에센셜리즘》이었다.

그 책은 내게 이렇게 속삭였다.

"무엇이 중요한가를 아는 것이, 인생의 진짜 속도다."

그날 이후 나는 속도를 버리고 방향을 택했다.

'빨리'보다 '바르게'를 선택하는 법을 배웠다.

그 선택이 내 삶을 천천히, 그러나 깊게 만들었다.

☕ **잠시 머물며**

"속도는 성공의 척도가 아니다." – 성 제

"본질로 향하는 길은 언제나 느리다." – 그렉 맥커운(Greg Mckeown)

세 번째 장면 – 부의 역설

강범구의 《부의 역설》을 읽으며
나는 부유한 사람과 가난한 사람의 차이를 다시 생각했다.
부자는 더 많이 가진 사람이 아니라,
더 적게 불안해하는 사람이었다.

나는 그때부터 불안을 줄이는 연습을 시작했다.
필요 이상의 목표를 버리고,
감사할 줄 아는 마음을 훈련했다.

그때 알았다.

"부는 안정된 마음의 상태다."

그 마음이 단단해지자,
이상하게도 돈이 따라왔다.

☕ 잠시 머물며

"마음이 평안한 사람이 진짜 부자다." – 성 제

"부의 본질은 통장보다 내면에 있다." – 강범구

네 번째 장면 – 자유의 철학

내가 오랫동안 찾아온 것은 결국 자유였다.

누군가의 눈치를 보지 않고,

진심을 지킬 수 있는 용기.

그것이 나의 꿈이었다.

어느 날, 후배가 내게 물었다.

"선배님, 돈이 많으면 진짜 자유로워지나요?"

 나는 잠시 웃으며 말했다.

"아니, 돈이 아니라 '자신을 믿는 마음'이 사람을 자유롭게 만
든다."

진짜 자유는 소유가 아니라 해방이었다.

그리고 해방은 늘 '내 안의 욕심'으로부터 시작되었다.

☕ **잠시 머물며**

"자유는 버림의 기술이다." – 성 제

"자유는 외부로부터 오는 것이 아니라, 내면의 선택에서 온다." – 빅터 프랭클

다섯 번째 장면 – 부를 다시 정의하다

나는 이제 부를 이렇게 정의한다.

"부란, 의미 있는 일에 내 시간을 쓰는 능력이다."

돈은 도구일 뿐이다.

그 도구를 어떻게 쓰느냐가 인생의 품격을 결정한다.

나는 오늘도 이렇게 다짐한다.

'시간을 낭비하지 말자.

그건 곧 내 삶을 낭비하는 일이니까.'

☕ 잠시 머물며

"진짜 부자는 자신이 시간을 선택하는 사람이다." – 성 제

"가장 위대한 부는 자유롭게 사는 용기다." – 제임스 앨런

7장

나의 아픈 경험을 밝힌다

신뢰가 무너지는 날

그 일은 아무도 예감하지 못했다.

오랜 세월 함께 일하며 믿음을 쌓아온 한 직원이 있었다.

나는 그를 단순한 직원이 아닌, 일의 동반자이자 마음을 나누는 사람으로 여겼다.

하루의 시작과 마무리를 함께했고, 그의 손끝에는 늘 성실함이 묻어 있었다.

그래서 나는 의심하지 않았다. 신뢰는 한번 깊어지면,

이유 없이 무너질 거라 생각하지 않았기 때문이다.

하지만 그 믿음은 한 통의 문서로 끝났다. 하얀 봉투 위에 찍힌 '국가권익위원회'라는 도장이 내 인생의 모든 질서를 흔들었다. 처음엔 장난이겠지, 착오겠지 싶었다.

그러나 그날 저녁, 현실은 냉정하게 다가왔다.

한순간에 세상이 낯설어졌다.

함께 일하던 동료들의 눈빛은 조심스러워졌고,

익숙한 공간의 공기마저 무겁게 내려앉았다.

나는 믿음이 깨질 때 나는 '소리'를 처음 들었다.

그것은 폭발음이 아니라, 마음속 어딘가가 서서히 찢어지는 소리였다.

신고의 내용보다도 그 행위 자체가 나를 무너뜨렸다.

내가 어떤 말을 해도,

사람들은 이미 한쪽의 이야기를 더 빨리 믿었다.

세상은 설명보다 판단이 빠르고,

진실보다 감정이 앞서는 곳이었다.

국가권익위원회에 이은 검찰의 출석 통보를 받았을 때, 나는 처음으로 '불신의 시간'이라는 것을 실감했다.

그날 새벽, 사무실의 불을 켜고 앉아 텅 빈 책상 위를 오랫동안 바라봤다.

책상 위에는 내 손때 묻은 펜과 그녀가 남기고 간 커피잔이 나란히 놓여 있었다.

그 두 가지의 온도 차이가, 이해할 수 없는 관계의 끝을 말해주는 듯했다.

'왜 나였을까.'

그 질문이 머릿속을 떠나지 않았다.

서류 속 사건의 내용은 사실보다 해석이 더 많았다.

세상은 사건의 진실보다 그에 대한 '이야기'를 더 사랑했다.

나는 그 이야기의 중심에 있었지만, 주인공이 아닌 희생자였다.

법정의 그림자 속에서

검찰청의 복도는 길었다.

하얀 형광등 불빛 아래에서 나는 자신이 투명해지는
기분을 느꼈다.

내가 아니라, '사건 번호'로만 불리는 시간이었다.

내 이름은 기록 속 한 줄로 바뀌었다.

조사실에서 건네받은 진술서 위에 서명을 하면서 손이 떨렸다.

억울함보다는 허무함이 더 컸다.

내가 믿어온 진심이 그 순간 아무 힘도 가지지 못한다는 사실
이 참담했다.

사람은 위기 앞에서 본성이 드러난다. 어떤 이는 나를 걱정했고,
어떤 이는 거리를 두었다.

그중 일부는, 그동안의 관계를 계산하듯 조심스럽게 끊었다.

나는 그것이 더 아팠다. 세상의 냉소는 고통보다 차가웠다.

밤마다 서류를 다시 읽었다.

조사관의 질문, 내 대답, 그 사이에 놓인 오해의 문장들.

마음이 무거워질수록 나는 더 깊은 침묵 속으로 들어갔다.

말을 아끼는 것이 오히려 나를 지키는 방법이라는 것을 배웠다.

그 무렵, 나는 갈급함으로 인해 자주 교회를 찾았다.

새벽마다 불 꺼진 예배당에 앉아 가만히 눈을 감았다.

기도보다도 침묵이 길었다.

어느 날, 가슴 깊은 곳에서 들려오는 음성이 있었다.

"성제야, 네 손을 펴라. 그래야 내가 너에게 무엇을 줄 수 있지 않겠니?"

그 말은 내 안의 모든 소음을 멈추게 했다. 나는 그제야 깨달았다.

그동안 나는 두 손을 꽉 쥔 채로 하나님께 무언가를 구하고 있었다는 것을.

응답을 원했지만, 사실은 나 스스로 이미 답을 막고 있었던 셈이다.

그 순간, 눈물이 조용히 흘렀다. 나는 손을 폈다.

붙잡고 있던 사람, 일, 명예, 자존심을

그 자리에서 모두 놓았다.

이상하게도 그때부터 마음이 가벼워졌다.

모든 걸 잃었다고 생각했는데, 그때 처음으로 자유를 느꼈다.

그날 이후로 나는 더 이상 나 자신을 변호하지 않았다.

진실은 언젠가 스스로 드러난다는 믿음이 내 안에 자라기 시작했다.

그 믿음이 고통의 불길 속에서도 나를 태우지 않게 했다.

새벽의 음성

그날 이후 나는 변했다. 기도는 더 이상 간구가 아니었다.

나는 하나님께 무언가를 구하지 않았다. 대신 내 안의 소리를 들었다.

세상은 여전히 나를 오해할 수 있었지만, 나는 더 이상 세상을 미워하지 않았다.

새벽마다 교회의 창문으로 들어오는 바람을 맞으며 나는 스스로에게 물었다.

"이 고통이 나를 깨뜨릴 것인가, 아니면 나를 바꿀 것인가."

그 질문에 답을 찾지 못한 채, 하루하루를 견뎠다.

사람은 진심을 증명하기 위해 침묵해야 할 때가 있다.

내게 그 시간은 길고 고독했다. 하지만 그 침묵 속에서
나는 '나'를 다시 만났다.

나는 그동안 일을 '성취'로만 여겼다.
성과를 내는 사람, 사람들에게 신뢰받는 사람.
그러나 이제야 알았다.
일은 결과가 아니라 '마음의 표현'이었다.
그 마음이 흐트러지면,
아무리 잘해도 언젠가는 무너진다.

하루는 교회의 문을 닫으며, 나는 조용히 이렇게 중얼거렸다.
"이제부터는 잘하려고 애쓰지 말자. 진심으로만 하자."
그 말은 다짐이 아니라 기도였다.
그때부터 내 안의 불안이 천천히 녹기 시작했다.

베트남, 회복의 시간

3년여간의 모든 검찰, 법원 재판 진행 절차가 끝나고 마침내 법
원에서 무죄 판결이 내려졌다.
나는 짐을 꾸렸다. 어디론가 떠나야겠다는 생각뿐이었다.
누구의 시선도 없는 곳, 말을 하지 않아도 괜찮은 곳.

그렇게 도착한 곳이 베트남의 중부, 산 정상에 위치한 달랏이
라는 마을이었다.

화창한 햇살, 천천히 흐르는 호수, 거리의 오토바이 소음조차
낯설게 들렸다.

그 낯섦이 오히려 위로가 되었다.

아무도 나를 모르는 그곳에서
나는 처음으로 '내 이름이 없는 시간'을 살았다.
아침에는 커피 향에 눈을 뜨고, 낮에는 무작정 걸었다.
저녁이면 낡은 공책을 펼쳐 감사한 일을 한 가지씩 적었다.
"오늘 호숫가에서 한 아이가 내게 손을 흔들었다."
"구름이 낮게 깔린 하늘이 아름다웠다."
감사는 그렇게 작은 일로 시작되었다.

시간이 흐르자 나는 매일같이 흙냄새, 바람, 사람의 미소 속에서
삶의 숨결을 다시 느꼈다. 무엇보다 놀라웠던 것은,
내 마음속 상처가 점점 희미해진다는 것이었다.

어느 날, 체류하고 있던 하우스 주인장 노인이 내게 물었다.
"당신은 왜 그렇게 조용합니까?"
나는 대답했다.
"이제야 비로소 내 소리를 들을 수 있게 되었거든요."
주인장 노인은 미소 지었다. 그 미소가 내게는 용서처럼 느껴졌다.

그러나 회복은 달콤하지 않았다. 밤이 되면 여전히 그 시절의 그림자가 찾아왔다.

그럴 때마다 나는 스스로를 달랬다.

"그래도 살아 있잖아, 이제는 웃을 수 있잖아."

1년을 계획하고 갔지만, 결국 3개월 만에 귀국하기로 했다.

3개월은 짧았지만, 그 시간은 내 인생의 가장 깊은 치료였다.

나는 더 이상 세상을 원망하지 않았다. 오히려 감사했다.

그 고통이 없었다면 나는 지금의 내가 되지 못했을 것이다.

귀환, 다시 세워지는 나

한국으로 돌아오던 날, 비행기 창밖으로 하늘이 유난히 맑았다.

나는 손에 작은 노트를 쥐고 있었다. 거기에는 베트남에서 쓴 마지막 문장이 적혀 있었다.

"감사는 회복의 언어다."

돌아와 보니 회사는 많이 변해 있었다.

사람들은 여전히 나를 바라봤지만,

그 눈빛에는 이전과 다른 온기가 있었다.

업무는 잘 진행되고 있었지만,

결정은 멈춰 있었다. 나는 그때 깨달았다.

리더십은 일을 잘하는 능력이 아니라, 결정의 책임을 짊어지는 용기라는 것을.

나를 대신에 업무를 위임한 그 직원은 일은 완벽하게 했지만, 결정을 대신하지는 못했다.

그건 내 몫, 즉 오너의 몫이었다.

나는 다시 일터의 문을 열었다. 책상 위에는 예전의 공기 대신, 조용한 평온이 자리 잡고 있었다.

사람들은 조심스레 내게 말을 걸었다.

나는 예전보다 더 천천히, 하지만 더 깊게 대답했다.

그 후로 나는 사람을 평가하기보다 이해하려고 노력했다.

누구나 각자의 상처를 안고 산다는 것을 이제는 안다.

그 상처를 알아봐주는 사람이 진짜 리더라는 것도.

시간이 지나면서 사건은 기억의 뒤편으로 물러났다.

하지만 그 시간은 내 삶의 일부가 되었다.

나는 더 이상 그날을 부끄러워하지 않는다.

그날이 있었기에 나는 다시 일어설 수 있었다.

노을이 내린 강가에 앉아 있던 어느 저녁,

나는 손을 무릎 위에 올려두고 가만히 바라보았다.
손바닥에는 오래된 상처가 희미하게 남아 있었다.
그 상처 위로 바람이 불었다.

그때 문득 이런 생각이 들었다.

"손을 펴라"라는 그 음성은 단지 신의 말씀이 아니라,
 나 자신에게 하는 다짐이었구나.

세상은 여전히 불완전하지만, 나는 이제 두려워하지 않는다.
무너짐은 끝이 아니라 새로운 시작의 모양일 뿐이다.

노을은 강 위에 천천히 번져 있었다.
그 붉은 빛이 내 마음속까지 스며들었다.
나는 그 빛 속에서 조용히 눈을 감았다.

"고맙습니다. 아프지만, 살아 있습니다."

☕ **잠시 머물며**

"불이 사라진 자리에 재가 남듯, 고통이 지난 자리에 통찰이 남는다.
사람은 그 재 위에 다시 삶을 짓는다." – 성 제

3부

생각의 힘,
신념의 구조

1장

믿음이 사상을 만든다

"인간은 자신이 믿는 생각의 형태로 살아간다. 그리고 그 믿음이 그의 세상을 빚는다."

나는 오래전부터 믿음의 힘을 두려워했다.
믿음은 보이지 않지만,
그 어떤 현실보다 더 현실적인 힘을 가졌다.

사람은 생각한 대로 살지 않는다.
믿은 대로 산다.
나는 그 사실을 너무 늦게 배웠다.
삶의 수많은 실패와 무너짐 속에서,
결국 나를 일으킨 것은 기술도 지식도 아닌, '믿음'이었다.

내가 제임스 앨런의 《생각의 법칙》을 처음 읽은 것은
삶이 가장 흔들리던 시기였다.
책은 이렇게 시작됐다.

"인간은 자신이 생각한 대로 된다."

처음엔 단순한 말처럼 들렸다.
그러나 그 문장을 하루에도 수십 번 되뇌이다 보니
나는 점점 두려워졌다.
'그렇다면 나는 지금 어떤 생각을 심고 있는가?'

그 질문은 내 삶의 방식을 완전히 바꿔놓았다.
그날 이후, 나는 내 머릿속의 언어를 관리하기 시작했다.
비난 대신 감사를, 의심 대신 신뢰를, 불안 대신 기대를 심었다.

그리고 시간이 지나,
내 삶은 그 씨앗들이 자라난 숲이 되어 있었다.

☕ 잠시 머물며

"생각은 씨앗이고, 인생은 그 열매다." – 성 제

"마음이 바뀌면 인생이 바뀐다." – 제임스 앨런

두 번째 장면 – 믿음과 현실 사이

믿음은 현실과 늘 충돌했다.

현장은 차갑고, 숫자는 냉정했다.

그러나 나는 점점 확신했다.

믿음이 현실을 바꾸는 것이 아니라,

믿음이 현실을 해석하는 방식을 바꾼다는 것을.

한때 모든 것이 내 뜻대로 되지 않던 시절이 있었다.

그때 나는 다짐했다.

"이 상황이 나를 무너뜨릴 수도 있지만,

 나를 단단하게 만들 수도 있다.

 그것은 내가 무엇을 믿느냐에 달려 있다."

믿음은 현실을 도피하게 하지 않았다.

오히려 현실을 직시하게 만들었다.

그리고 그 현실 속에서 의미를 찾게 했다.

☕ 잠시 머물며

"믿음은 현실을 왜곡하는 게 아니라, 현실을 견디게 하는 힘이다." – 성 제

"삶의 의미를 찾는 사람은 어떤 상황에서도 꺾이지 않는다." – 빅터 프랭클

세 번째 장면 – 신념의 근육을 단련하다

믿음은 하루아침에 생기지 않았다.
그것은 마치 근육처럼 단련해야 했다.
나는 매일 작은 약속을 지키며
신념의 근육을 쌓아갔다.

어느 날, 실패한 프로젝트로 회사가 큰 손해를 봤을 때
사람들은 내게 물었다.

"이제 어떻게 하실 겁니까?"
 나는 조용히 대답했다.
"다시 시작하죠. 나는 여전히 믿습니다."

그 한마디가 조직 전체를 살렸다.
그날 나는 배웠다.
리더의 말 한마디가,
신념의 강도 하나가 수백 명의 마음을 움직인다는 것을.

☕ <u>잠시 머물며</u>

"신념은 설명이 아니라 태도다." – 성 제

"믿음은 말이 아니라 반복된 선택이다." – 스티븐 코비

나는 오랫동안 '믿음'과 '두려움'이 함께 있을 수 없다고 생각했다.

하지만 시간이 지나면서 알았다.

두려움이 있는 자리에서만 믿음이 빛난다는 것을.

어두운 터널 속에서 한 걸음을 내딛는 그 순간,

그것은 용기가 아니라 믿음이었다.

보이지 않아도, 방향이 확실하지 않아도,

그저 한 걸음 내딛는 행위 자체가 믿음이었다.

믿음은 결과를 확신하는 것이 아니라,

그 결과를 향해 움직이는 마음의 결단이었다.

☕ **잠시 머물며**

"믿음은 두려움을 없애는 게 아니라, 그 위를 걷는 일이다." – 성 제

"두려움이 없는 믿음은 값싸고, 두려움 위의 믿음은 거룩하다." – 헨리 나우웬

시간이 흐르며 나는 깨달았다.
믿음은 단순한 종교적 감정이 아니라,
인생의 구조를 세우는 '사상의 기초'였다.
사람은 믿는 만큼 사고하고,
사고한 만큼 행동하며,
행동한 만큼 세상을 바꾼다.

나는 이제 믿음을 이렇게 정의한다.

"믿음은 눈에 보이지 않는 건축 설계도다.
 그 도면 위에 인생이 세워진다."

☕ <u>잠시 머물며</u>

"믿음은 보이지 않는 사상의 건축가다." – 성 제

"사람은 믿음의 형태로 살아간다." – 제임스 앨런

2장

생각의 힘, 마음의 질서

"생각은 마음의 지도이며, 질서 잡힌 마음은 삶의 방향을 잃지 않는다."

나는 오랫동안 '생각'이라는 단어를 너무 가볍게 여겼다.
누군가 "생각 좀 해보라"라고 하면
그건 단지 머릿속의 계산을 의미한다고 믿었다.
하지만 나이를 먹고, 삶의 모서리에 부딪히며 알게 되었다.
생각이란 단순한 계산이 아니라, 삶의 질서를 세우는 힘이라는 것을.

사람은 누구나 생각을 한다.
그러나 '생각의 질서'를 세우는 사람은 드물다.
대부분의 사람은 하루에도 수천 개의 생각을 흘려보내며 산다.
그 생각들이 서로 충돌하고 부딪히며,
결국 마음속에는 잔잔한 흙먼지가 가라앉을 틈이 없어진다.

나는 그런 마음을 오래 살아봤다.

늘 바쁘고, 늘 쫓기고, 늘 생각이 많았지만

정작 '생각의 중심'은 없었다.

그때 나는 깨달았다.

"생각이 많다고 깊은 것이 아니다."

진짜 깊은 생각은, 질서 속에서 태어난다.

첫 번째 장면 – 마음의 책상을 정리하다

언젠가 나는 내 서재를 정리하다가
문득 마음속이 책상 같다고 생각했다.
책상 위가 어지러우면,
그 위에서 아무리 훌륭한 책을 펼쳐도 집중이 되지 않는다.
마음도 그렇다.

나는 매일 새벽, 마음의 책상을 정리하기 시작했다.
불필요한 감정, 지난날의 원망, 어제의 불안들을 하나씩 치워냈다.
그리고 남은 자리에 '감사'라는 한 권의 노트를 올려두었다.
그 노트를 펼칠 때마다
나는 내 마음의 질서가 조금씩 회복되는 것을 느꼈다.

그때 알았다.
정리된 마음만이 진짜 생각을 품을 수 있다.
마음이 혼란스러울 때는
세상 어떤 훌륭한 철학도, 어떤 좋은 책도 들어오지 않는다.
생각의 힘은 결국 '비움'에서 시작된다.

> ☕ **잠시 머물며**
>
> "생각이 흩어지면 마음이 병든다. 마음이 정리되면 생각이 자란다." – 성 제
>
> "비워야 보인다." – 법정 스님

한 시절, 나는 사업 때문에 늘 바빴다.
새벽부터 전화가 울리고,
회의가 끝나면 또 새로운 일정이 기다렸다.
그러던 어느 날,
한 직원이 내게 이렇게 말했다.

"대표님은 늘 뭔가를 하시는데, 가끔은 멈추셔야 할 것 같습니다."

그 말이 이상하게 내 안에 오래 남았다.
나는 스스로에게 물었다.
'나는 과연 지금 무엇을 위해 이렇게 분주한가?'
그 질문 앞에서 나는 아무 말도 하지 못했다.
내 안은 늘 시끄러웠고, 그 소음 속에서 중요한 목소리는 들리지 않았다.

그날 이후, 나는 '침묵의 훈련'을 시작했다.
아침마다 10분간 아무 말도 하지 않고,
생각조차 붙잡지 않고 그저 조용히 앉아 있었다.
그 시간 동안 내 안의 소음이 조금씩 가라앉았다.
이윽고 마음의 밑바닥에서
아주 작고 단단한 목소리가 들려왔다.

“너는 지금 어디로 가고 있는가?”

그 목소리가 내 인생의 방향을 다시 잡아주었다.
침묵은 단순한 멈춤이 아니라, 마음의 정렬이었다.

☕ **잠시 머물며**

“고요는 생각의 어머니이고, 침묵은 마음의 지도다.” – 성 제

“소음을 견디는 자만이 자기 내면의 목소리를 듣는다.” – 헨리 나우웬

사람들은 종종 이렇게 말한다.
"생각이 많아서 힘들다."
 하지만 나는 이제 이렇게 말한다.
"질서 없는 생각이 많아서 힘든 것이다."

질서 있는 생각은 오히려 마음을 단단하게 만든다.
그것은 나침반과 같다.
어떤 바람이 불어도 방향을 잃지 않게 해준다.

나는 어려운 결정을 앞둘 때마다,
항상 종이 한 장을 꺼내어 '생각의 질서도'를 그렸다.
문제의 중심, 주변의 감정, 영향받는 사람들,
그리고 마지막에 '내가 진짜 원하는 것은 무엇인가'를 적었다.

그 단순한 행위 하나가
혼란스러운 마음을 정리하고, 나를 다시 세워줬다.
생각의 질서가 삶의 질서를 만든다.

☕ 잠시 머물며

"마음은 생각의 집이다. 그 집이 정돈되어야 삶이 편안하다." – 성 제

"인생의 혼란은 마음의 무질서에서 시작된다." – 스티븐 코비

네 번째 장면 – 생각의 방향을 바꾸다

한때 나는 늘 결과 중심의 사고를 했다.
'이 일이 성공할까?', '이익은 얼마일까?',
그런 생각들만 가득했다.
하지만 세상은 내 계산대로 움직이지 않았다.

그러던 어느 날,
나는 밥 프록터(Bob Proctor)의 《부의 원리》를 읽었다.
그 책의 한 구절이 내 심장을 쳤다.

"생각은 결과가 아니라 원인이다."

그 말이 내 사고방식을 완전히 바꿔놓았다.
나는 그날 이후부터 '결과 중심의 사고'를 버리고,
'원인 중심의 사고'를 선택했다.
즉, 결과를 좇기보다
그 결과를 만들어내는 마음의 상태를 먼저 세웠다.

그러자 놀랍게도,
현실이 서서히 달라지기 시작했다.
내가 바뀌니, 세상도 반응했다.

☕ 잠시 머물며

"생각이 현실을 만든다.

그러나 그 현실은 언제나 내면에서 먼저 태어난다." – 성 제

"사람은 자신이 생각한 그대로 된다." – 제임스 앨런

다섯 번째 장면 – 마음의 질서를 세우는 다섯 가지 원칙

나는 오랜 시행착오 끝에,
마음의 질서를 유지하기 위한 다섯 가지 원칙을 세웠다.

1. 하루를 단정히 시작하라.

혼란한 하루는 어지러운 마음에서 시작된다.

2. 감정보다 원칙으로 생각하라.

감정은 일시적이지만, 원칙은 방향을 지켜준다.

3. 침묵의 시간을 가져라.

생각의 깊이는 고요함 속에서 자란다.

4. 감사로 하루를 닫아라.

감사는 마음의 질서를 회복시키는 가장 빠른 길이다.

5. 꾸준히 적어라.

기록은 생각을 정리하고, 생각은 마음을 정돈한다.

이 다섯 가지는 나의 평생 습관이 되었다.
그리고 나는 이제 안다.
"마음을 정리하는 사람만이 생각을 지배한다."

☕ 잠시 머물며

"질서 잡힌 마음은 흔들리지 않는다." – 성 제

"생각이 삶을 지휘하고, 질서가 그 삶을 지탱한다." – 아리스토텔레스

3장

신념의 구조, 행동의 원리

"신념은 불이 아니라 뿌리다.

불은 타고 사라지지만, 뿌리는 세월 속에서도 남는다."

나는 젊은 시절, 믿음만 있으면 뭐든 할 수 있다고 생각했다.

그러나 인생은 내게 다른 법칙을 가르쳐주었다.

믿음만으로는 세상이 바뀌지 않는다.

그 믿음이 구조를 이루고, 구조가 행동으로 이어질 때

비로소 변화는 현실이 된다.

어느 날, 나는 스스로에게 물었다.

"왜 나는 같은 실수를 반복하는가?"

그 질문에 대한 대답은 의외로 단순했다.

믿음은 있었지만, 행동의 구조가 없었기 때문이다.

첫 번째 장면 – 의지로 움직이던 시절

사업 초창기 시절, 나는 하루 16시간을 일했다.
'노력하면 된다'라는 말을 믿었고,
의지만 있으면 못할 것이 없다고 생각했다.

그러나 그 시절의 나는 늘 지쳐 있었다.
성과는 들쭉날쭉했고, 마음은 늘 불안했다.
그때 깨달았다.

"의지는 감정이고, 신념은 구조다."

의지는 순간을 움직이지만,
신념은 방향을 지탱한다.
의지는 '하고 싶다'라고 말하지만,
신념은 '해야 한다'라고 속삭인다.
그 미묘한 차이가 인생을 갈랐다.

☕ 잠시 머물며

"의지는 불꽃이고, 신념은 뿌리다." – 성 제
"일시적 열정이 아니라 지속 가능한 구조를 만들어라." – 스티븐 코비

나는 반복을 두려워했다.

같은 일을 또 한다는 것은 게으른 일이라고 생각했다.

하지만 어느 날, 한 선배가 내게 말했다.

"반복은 멈춤이 아니라 정제야."

그 말이 내 안에서 불이 되었다.

나는 그날 이후, 반복을 훈련의 구조로 만들었다.

매일 같은 시간에 일어나,

같은 시간에 책을 읽고,

같은 시간에 생각을 정리했다.

그 반복은 나를 지치게 하지 않았다.

오히려 나를 자유롭게 했다.

반복은 신념의 리듬이었다.

☕ **잠시 머물며**

"반복은 신념을 단단하게 만드는 망치다." – 성 제

"성공은 반복의 미학이다." – 찰스 두히그(Charles Duhigg)

세 번째 장면 – 결단의 순간들

삶에는 여러 갈래의 길이 있다.
그러나 결국 사람을 변화시키는 것은 '결단의 순간'이다.
나는 그 순간들을 셀 수 없을 만큼 지나왔다.
계약을 포기하고, 명예를 버리고, 사람을 선택했던 날들.

그 결단들이 내 인생의 구조를 만들었다.
당장은 손해 같았지만,
그 결단 하나가 내 신념을 증명했다.

"신념은 말이 아니라 선택이다."

그날 이후 나는 결단 앞에서 망설이지 않게 되었다.
선택의 무게를 견딜 줄 알게 되자,
삶의 방향이 선명해졌다.

☕ **잠시 머물며**

"결단은 신념의 시험대다." – 성 제

"선택이 곧 나다." – 빅터 프랭클

네 번째 장면 – 행동의 구조를 설계하다

나는 어느 순간부터 일을 '설계'하기 시작했다.
단순히 해야 할 일을 적는 것이 아니라,
신념이 행동으로 옮겨지는 구조를 그렸다.

하나의 행동이 왜 필요한가,
그 행동이 어떤 가치를 실현하는가,
그리고 그 가치가 내 신념과 어떻게 연결되는가를
항상 스스로에게 물었다.

그 질문의 습관이 나를 지탱했다.
행동은 습관이지만,
습관의 바탕에는 반드시 구조가 있었다.

"하루는 습관의 단위이고, 습관은 신념의 단위다."

☕ <u>잠시 머물며</u>

"행동은 신념이 현실로 드러나는 언어다." – 성 제

"습관은 신념의 반복된 그림자다." – 제임스 클리어(James Clear)

다섯 번째 장면 – 신념의 네 가지 축

나는 평생의 시행착오를 통해
'신념이 행동으로 옮겨지기 위한 네 가지 축'을 세웠다.

1. 명확한 기준 (Principle)

　- 신념 없는 기준은 바람 앞의 촛불이다.

2. 반복의 리듬 (Rhythm)

　- 반복은 신념의 맥박이다.

3. 내면의 점검 (Reflection)

　- 자기 성찰 없는 행동은 방향 없는 바람이다.

4. 타인에 대한 책임 (Responsibility)

　- 신념은 홀로 서는 게 아니라, 함께 서는 것이다.

이 네 가지 축이 무너지면
행동은 의지로 흐르고, 신념은 감정으로 퇴화한다.
나는 언제나 이 네 축을 마음속에 새겨두었다.

☕ **잠시 머물며**

"신념은 혼자의 신앙이 아니라, 세상 속의 책임이다." – 성제

"자신을 믿는다는 것은 세상을 향한 약속을 지키는 일이다." – 헨리 나우웬

리더로서의 인생은 결국 사람을 움직이는 일이었다.

나는 수없이 회의하고, 수없이 설득하며 살았다.

그러나 사람은 말로 움직이지 않았다.

그들은 '리더의 신념'을 느끼고 움직였다.

리더는 '신념의 화신'이어야 한다.

말이 아니라 태도로,

명령이 아니라 모범으로 보여야 한다.

"리더의 신념이 조직의 공기를 만든다."

그 사실을 깨달은 이후로,

나는 내 마음의 방향을 매일 점검했다.

말보다 마음이, 계획보다 존재가

사람을 이끈다는 것을 알았기 때문이다.

☕ **잠시 머물며**

"사람은 신념을 따라 움직인다." – 성 제

"리더십은 지위가 아니라 에너지다." – 스티븐 코비

일곱 번째 장면 – 신념의 구조로 살아간다는 것

지금의 나는 안다.
신념이란 거창한 것이 아니라,
매일의 행동이 쌓여 이루는 삶의 형태라는 것을.

믿는 대로 말하고, 말한 대로 행동하고,
행동한 대로 결과를 책임지는 것.
그 단순한 일들이 쌓여
나의 신념이 되었다.

나는 오늘도 묵묵히 그 구조 안에서 하루를 산다.
비록 완벽하지 않지만,
흔들릴 때마다 내 마음의 뿌리를 확인한다.

"신념은 불이 아니라 뿌리다."
 그 뿌리 위에 내 삶의 숲이 자라난다.

☕ <u>잠시 머물며</u>

"신념은 삶의 구조를 세우는 보이지 않는 건축가다." – 성 제

"행동은 그 건축의 완성이다." – 제임스 앨런

4장

보이지 않는 힘, 신념의 에너지

“세상을 바꾸는 것은 근육이 아니라, 마음의 파동이다.”

나는 오랫동안 눈에 보이는 것만 믿었다.

숫자, 결과, 성과, 실적.

그 모든 것이 나의 세상을 지배하던 언어였다.

그러나 세월이 흐르며 알게 되었다.

진짜 세상을 움직이는 것은 보이지 않는 힘이라는 것을.

그 힘은 신념의 깊은 곳에서 나온다.

그것은 기도의 울림이자, 생각의 진동이며,

조용히 현실을 바꿔가는 보이지 않는 에너지다.

몇 해 전, 나는 한 후배로부터 편지를 받았다.
그는 어려운 사업 실패로 모든 것을 잃었지만,
그의 편지에는 이렇게 적혀 있었다.

"선배님, 저는 아직 괜찮습니다. 선배님이 늘 말하던
'마음의 에너지'가 무엇인지 이제 알겠습니다."

나는 그 문장을 읽으며 눈시울이 뜨거워졌다.
그는 가진 것을 잃었지만, 내면의 에너지를 되찾고 있었다.
나는 그에게서 배웠다.

"신념의 에너지는 절망 속에서도 꺼지지 않는다."

그날 이후, 나는 세상을 다시 보기 시작했다.
눈에 보이지 않는 영역 - 믿음, 의도, 기도, 그리고 사랑.
그 모든 것이 결국 현실의 모양을 만든다는 것을.

잠시 머물며

"삶은 눈에 보이지 않는 힘의 결과다." - 성 제

"생각은 에너지다. 그것은 보이지 않지만 모든 것을 만든다."

- 나폴레온 힐(Napoleon Hill)

두 번째 장면 – 보이지 않는 질서

한때 나는 우연을 믿지 않았다.
모든 것은 계산과 계획의 결과라고 생각했다.
하지만 인생을 오래 살수록,
도저히 설명할 수 없는 일들이 내 삶을 바꿔놓았다.

어느 날은 한 사람의 한마디가,
어느 날은 한 권의 책의 한 구절이,
어느 날은 뜻밖의 실패가 내 인생의 방향을 바꿨다.

그건 단순한 '운명'이 아니었다.
그건 내가 쏜 '의도'와 '신념의 파동'이
세상 어딘가에서 되돌아온 결과였다.
신념의 에너지는 반드시 순환한다.

☕ 잠시 머물며

"우연은 준비된 신념이 만난 필연이다." – 성 제

"인생에는 보이지 않는 질서가 있다." – 제임스 앨런

세 번째 장면 – 마음의 파동

나는 과학을 좋아한다.
그래서 한때 '파동'에 대한 글을 읽었다.
진동수가 맞으면 두 개의 물체가 서로 영향을 주고받는다는 원리였다.
그것을 읽는 순간, 나는 문득 깨달았다.

"인간의 마음도 진동한다."

사람이 긍정적인 에너지를 품으면,
그 파동은 주변 사람들의 행동과 감정,
심지어 상황까지 바꾼다.
나는 그것을 수없이 봐왔다.

어떤 리더는 방에 들어서는 것만으로
공기를 바꾸고, 분위기를 움직인다.
그건 기술이 아니라 에너지의 질이었다.

결국 신념은 진동이다.
그 진동이 세상과 공명할 때,
현실은 조금씩 변하기 시작한다.

☕ 잠시 머물며

"마음의 진동이 인생의 주파수를 결정한다." – 성 제

"에너지는 형태를 바꾸며, 신념은 세상을 바꾼다." – 아인슈타인(Albert Einstein)

네 번째 장면 – 기도와 집중의 힘

나는 오랫동안 기도를 '소망의 언어'로만 여겼다.
그러나 이제는 안다.
기도는 집중의 구조화된 에너지다.
기도하는 순간, 마음의 파동은 한 방향으로 정렬된다.
그 에너지가 모여 현실을 움직인다.

나는 매일 새벽, 조용히 기도했다.
"오늘도 바르게 살게 해주세요."
그 단순한 문장이 내 하루의 방향을 정리했다.
그것은 종교가 아니라 사유의 집중 훈련이었다.

그 기도의 에너지가
사람들과의 대화 속에서,
작은 결정 속에서,
그리고 일상의 태도 속에서 현실로 번져갔다.

☕ <u>잠시 머물며</u>

"기도는 하늘로 향한 요청이 아니라, 내면으로의 귀환이다." – 성 제

"집중된 마음은 세상을 바꾼다." – 빅터 프랭클

다섯 번째 장면 – 신념의 에너지는 나눌수록 커진다

나는 인생의 후반부에서 깨달았다.

신념은 혼자 지켜내는 것이 아니다.

그것은 함께 나누어야 커지는 에너지다.

나의 말, 나의 태도, 나의 신뢰가

누군가의 마음에 불씨가 되는 순간,

그 사람의 신념이 다시 내게 되돌아온다.

이 순환은 보이지 않지만,

삶을 따뜻하게 만든다.

결국 신념의 에너지는 사랑의 다른 이름이었다.

☕ 잠시 머물며

"신념은 나를 세우고, 사랑은 세상을 세운다." – 성 제

"사랑은 보이지 않는 신념의 가장 완전한 형태다." – 도스토옙스키(Dostoevskii)

여섯 번째 장면 – 보이지 않는 힘으로 살아간다는 것

이제 나는 안다.

눈에 보이는 것만 믿는 사람은,

결국 세상의 절반만 본다.

보이지 않는 힘을 믿는 사람은,

세상의 나머지 절반을 본다.

내가 오늘도 글을 쓰는 이유,

사람을 믿는 이유,

작은 변화라도 포기하지 않는 이유.

그것은 내가 '보이지 않는 힘'을 믿기 때문이다.

"신념의 에너지는 가장 현실적인 힘이다."

나는 지금도 매일 그 힘으로 산다.

고요하지만 강한,

조용하지만 흔들리지 않는 마음의 진동 속에서.

☕ 잠시 머물며

"세상을 움직이는 힘은 신념의 파동이다." – 성 제

"내면의 믿음이 현실의 형태를 바꾼다." – 제임스 앨런

5장

존엄하게 산다는 것

"존엄은 타인의 시선이 아니라, 스스로에게 부끄러움이 없는 삶이다."

나는 인생의 초입에서 '성공'을 좇았다.
그리고 인생의 중반에서 '의미'를 좇았다.
그러나 지금은 안다.
인간이 마지막까지 지켜야 할 것은 '존엄'이라는 사실을.

존엄은 화려한 말이 아니다.
그것은 눈에 보이지 않지만,
살아 있는 매 순간 드러나는 태도의 무게다.
나는 수많은 사람을 만났고,
그들이 떠난 자리에 남은 것은 언제나
그들의 존엄 혹은 그 결핍이었다.

젊은 시절, 나는 사람들 앞에서는 당당했지만,
혼자 있을 때는 쉽게 무너졌다.
거울 속의 내 얼굴이 낯설었고,
눈빛은 자주 흔들렸다.

그때 깨달았다.

"존엄은 남이 보는 곳에서가 아니라, 아무도 보지 않을 때 증명된다."

타인의 시선이 사라졌을 때조차
스스로에게 부끄럽지 않은 사람,
그가 진정 존엄한 사람이다.

나는 그 이후, 나 혼자의 시간을 훈련하기 시작했다.
밤늦은 서재에서, 책상 위의 불빛 하나로 나를 마주하는 시간.
그 고요한 대면의 순간들이 나를 다시 인간답게 세웠다.

☕ **잠시 머물며**

"존엄은 고독 속에서 자란다." – 성 제

"진정한 인간의 품격은 혼자 있을 때 드러난다." – 빅터 프랭클

두 번째 장면 – 가난 속의 품위

나는 돈이 없던 시절에도,
자존심 하나로 버텼던 기억이 있다.
그 시절의 나는 세상에 대해 아무런 힘도 없었지만,
내 안의 품위만큼은 놓지 않았다.

비록 남루한 옷을 입었어도
나는 내 생각을 함부로 내던지지 않았다.
누군가를 헐뜯는 말에 웃지 않았고,
누군가의 불행으로 위로받지 않았다.

그 품위는 나를 지켜주는 마지막 방패였다.
그리고 세월이 지나,
그 방패가 나를 다시 일으켜 세웠다.

"존엄은 가진 것의 크기가 아니라,
 버리지 않은 마음의 질이다."

☕ 잠시 머물며

"인간은 품위를 잃을 때 비로소 가난해진다." – 성 제

"가난은 죄가 아니지만, 품격의 포기만큼은 죄다." – 세이노

나는 한때 '성과'와 '존엄'을 혼동했다.
성과는 결과의 문제지만,
존엄은 태도의 문제다.

어떤 이는 성공했지만 존엄하지 않았고,
어떤 이는 실패했지만 존엄했다.
나는 그 차이를 너무 늦게 깨달았다.

존엄한 사람은 항상 '어떻게'를 묻는다.
그가 이익을 얻었는가보다
그 일을 '어떻게' 했는가를 더 중요하게 여긴다.
그 '어떻게'의 질문이
인간의 품위를 결정짓는다.

☕ 잠시 머물며

"존엄은 결과가 아니라 과정의 태도다." – 성 제
"인간의 품격은 무엇을 이루었는가보다,
어떻게 이루었는가에 달려 있다." – 톨스토이

네 번째 장면 – 존엄은 타인과의 관계에서 완성된다

사람은 혼자서 존엄할 수 없다.
존엄은 언제나 타인을 향한 관계의 거울 속에서 완성된다.
나는 누군가를 대할 때마다 내 존엄을 시험받았다.

말 한마디의 높낮이,
눈을 마주치는 시간의 길이,
그 모든 작은 순간들이 나의 품위를 결정했다.
특히 나보다 약한 이들에게 어떻게 말하는가.
그것은 언제나 나 자신에 대한 진단이었다.

나는 조직을 이끌며 수없이 배웠다.
존엄은 리더십의 본질이자 인간됨의 마지막 경계였다.
권위로는 존엄을 흉내낼 수 없고,
존중으로만 유지된다.

☕ 잠시 머물며

"존엄은 힘이 아니라, 존중의 또 다른 이름이다." – 성 제

"인간은 타인을 대하는 방식으로 평가받는다." – 도스토옙스키

다섯 번째 장면 – 존엄은 용서의 기술이다

세상에는 완벽한 사람도, 흠 없는 인생도 없다.

그러므로 존엄은 용서의 기술에서 비롯된다.

나를 용서하고, 타인을 용서하며,

삶의 불완전함을 품어내는 것.

나는 그 기술을 배우는 데 반평생이 걸렸다.

용서는 약한 이들의 감정이 아니라,

강한 이들의 의지였다.

용서하는 순간, 인간은 복수를 초월하고,

존엄의 문턱에 선다.

☕ **잠시 머물며**

"용서는 존엄의 가장 강한 형태다." – 성 제

"사랑은 완벽의 결과가 아니라, 용서의 습관이다." – 헨리 나우웬

여섯 번째 장면 – 존엄의 마지막 이름은 사랑이다

나는 인생의 끝에서 이 결론에 닿았다.

"존엄의 다른 이름은 사랑이다."

사랑 없는 정의는 잔인하고,
사랑 없는 성공은 공허하다.
사랑은 사람을 품위 있게 만든다.
그 사랑은 감정이 아니라,
존재의 태도이며, 매일의 선택이다.

그래서 나는 오늘도 내 마음에 묻는다.
"나는 지금 사랑하고 있는가?"
그 질문이 나의 하루를 정직하게 만든다.

☕ 잠시 머물며

"존엄은 사랑의 깊이에서 완성된다." – 성 제

"사람을 사랑하는 일보다 위대한 인간의 품위는 없다."

– 파울로 코엘료(Paulo Coelho)

6장

느림의 미학, 기다림의 철학

"빨리 가는 법은 이미 모두가 안다.
 그러나 멈출 줄 아는 법은 극소수만이 안다."

나는 젊은 시절,
인생이란 얼마나 빨리 달릴 수 있느냐의 경주라고 믿었다.
새벽부터 움직이고, 밤늦게까지 일하며,
시간을 쪼개는 것이 능률이라고 생각했다.

그러나 세월이 흐르며 깨달았다.
삶은 속도의 문제가 아니라, 방향의 문제라는 것을.
빨리 간다고 해서 멀리 가는 것이 아니었다.
진짜 먼 길은,
천천히 걸어야 보이는 길이었다.

첫 번째 장면 – 기다림의 시간에서 배운 것

어느 겨울,

나는 눈이 내리던 날의 기억을 아직도 잊지 못한다.

창밖에 내리는 눈을 한참 바라보다가

문득 깨달았다.

세상에는 서두른다고 바뀌지 않는 일들이 있다는 것을.

눈은 급히 내리지 않는다.

그저 묵묵히, 조용히, 그러나 멈추지 않고 내린다.

그날 이후 나는 '기다림'을 새롭게 배웠다.

사람을 기다리는 일,

결과를 기다리는 일,

자신을 기다리는 일.

그 기다림 속에서 나는

시간이 아니라 깊이를 배웠다.

☕ 잠시 머물며

"기다림은 시간의 낭비가 아니라, 성숙의 과정이다." – 성 제

"모든 성장은 기다림의 언어로 말한다." – 헨리 나우웬

나는 수많은 젊은이들을 봐왔다.
그들은 모두 빠르게 가려 했다.
더 빨리 성장하고, 더 빨리 성공하고,
더 빨리 인정받기를 원했다.

그러나 그들의 눈에는
늘 초조함이 깃들어 있었다.
속도는 성취감을 주지만,
평화를 주지는 않는다.

나는 그들에게 자주 이렇게 말했다.

"조급함은 실패보다 더 위험하다.
 실패는 배움을 남기지만, 조급함은 방향을 잃게 한다."

삶의 진짜 경쟁력은 속도가 아니라,
끝까지 걸어갈 호흡의 길이였다.

☕ 잠시 머물며

"빠름은 편리하지만, 느림은 품격이다." – 성 제

"인생의 품위는 멈춤의 순간에서 드러난다." – 빅터 프랭클

세 번째 장면 – 느림은 관찰의 기술이다

나는 언젠가
한 어린이와 숲길을 함께 걸은 적이 있다.
그 아이는 내 손을 잡고 이렇게 물었다.

"선생님, 왜 그렇게 빨리 걸어요? 나무가 무섭대요."

나는 걸음을 멈추고,
아이의 시선으로 세상을 보았다.
작은 개미, 흔들리는 풀잎,
그리고 바람에 흩날리는 빛의 조각들.

그날 이후 나는 깨달았다.
느림은 관찰의 기술이었다.
빨리 걸으면 세상이 흐릿해지고,
천천히 걸으면 세상이 선명해진다.

잠시 머물며

"느림은 보는 힘이다." – 성제

"서두름은 눈을 흐리게 하고, 느림은 마음을 맑게 한다." – 파울로 코엘료

네 번째 장면 – 시간과의 화해

나는 한동안 시간을 원망했다.

더 많은 시간이 있었다면,

더 빨리 깨달았더라면,

더 일찍 준비했더라면.

그러나 이제는 안다.

시간은 나의 적이 아니라, 나의 스승이었다.

모든 것은 그때가 되어서야

이해되고, 용서되고, 빛난다.

시간을 거슬러 올라가려 애쓸수록

삶은 흐트러졌다.

나는 시간과 싸우는 대신,

그 시간과 화해하기로 했다.

그때부터 내 인생은 부드러워졌다.

 **잠시 머물며**

"시간을 이기려고 하지 말고, 시간과 동행하라." – 성 제

"모든 것은 정해진 때가 있다." – '전도서' 3장

다섯 번째 장면 – 느림은 존엄의 또 다른 이름이다

나는 느림 속에서 인간의 품위를 보았다.

말을 천천히 하는 사람,

판단을 서두르지 않는 사람,

화낼 줄 아는 대신 침묵을 택하는 사람.

그들 안에는 존엄의 향기가 있었다.

빠름은 이익을 만들지만,

느림은 품격을 만든다.

빠름은 경주를 이기게 하지만,

느림은 자신을 잃지 않게 한다.

☕ 잠시 머물며

"느림은 존엄의 리듬이다." – 성 제

"인간은 멈출 줄 아는 순간에 성숙한다." – 톨스토이

여섯 번째 장면 – 기다림의 철학

나는 이제 '기다림'을 하나의 철학으로 여긴다.
그것은 무기력이 아니라,
삶을 믿는 용기다.

기다림은 세상에 대한 신뢰의 표현이다.
지금은 보이지 않아도,
모든 것은 제시간에 온다.

나는 내 인생의 가장 큰 선물들이
언제나 기다림 끝에 왔다는 것을 안다.
사람이든, 기회든, 깨달음이든
그들은 모두 천천히, 그러나 확실하게 다가왔다.

☕ **잠시 머물며**

"기다림은 믿음의 또 다른 이름이다." – 성 제

"삶은 기다릴 줄 아는 사람에게 자신을 드러낸다." – 헨리 나우웬

7장

관계의 온도와 거리

"사람 사이의 거리는 마음의 예술이다.

너무 가까워도, 너무 멀어도 관계는 숨을 쉬지 못한다."

나는 오래전, 인간관계를 '힘의 균형'으로만 이해했다.

누가 더 강하고, 누가 더 약한가.

누가 이끌고, 누가 따르는가.

그러나 세월이 흘러 깨달았다.

진짜 관계는 힘이 아니라 온도와 거리의 균형으로 이루어진다

는 것을.

사람 사이에는 적당한 따뜻함과 필요한 거리가 있어야 한다.

온도는 마음의 친밀함을, 거리는 서로의 존엄을 지켜준다.

그 두 가지의 조화가 무너질 때,

관계는 사랑에서 집착으로,

존중에서 지배로 변한다.

나는 젊은 시절, 가까운 사람일수록 솔직해야 한다고 믿었다.
그래서 생각나는 대로 말했고, 감정을 숨기지 않았다.
그러나 어느 날,
한 친구가 나를 조용히 바라보며 말했다.

"넌 참 정직한데, 가끔 그 정직이 칼 같아."

그 말이 마음에 오래 남았다.
나는 진심을 말했지만,
그 진심이 상대의 마음을 다치게 한 것이다.
그때부터 나는 배웠다.
관계에서의 솔직함은 사랑보다 기술이 필요하다.

진심도 온도가 맞지 않으면 상처가 된다.
말의 내용보다 말의 온도가 중요하다는 것을,
그때 처음 알았다.

☕ 잠시 머물며

"진심은 언제나 옳지 않다. 진심에도 온도가 있다." – 성 제

"사람은 진리를 견딜 수 있을 만큼만 받아들인다."   – 도스토옙스키

한 번은, 오랜 인연이었던 후배가 내게 말했다.

"선배님은 이상해요. 가까우면서도 멀어요."

그때 나는 미소 지었다.

"그게 아마 내가 배운 사랑의 방식일 거야."

나는 인간관계에서 거리의 미학을 믿는다.
너무 가까우면 경계가 무너지고,
너무 멀면 마음이 닿지 않는다.
진짜 인연은 그 사이, 존중이 숨 쉬는 거리에서 자란다.

서로의 시간을 침범하지 않고,
서로의 고요를 존중할 수 있는 사람.
그가 진정한 친구다.

☕ 잠시 머물며

"거리를 지킨다는 것은 사랑을 오래 지키는 일이다." – 성 제

"관계의 성숙은 거리의 감각에서 시작된다." – 빅터 프랭클

세 번째 장면 – 침묵의 대화

세월이 흐르며, 나는 침묵이 주는 힘을 배웠다.
누군가의 말을 다 이해하지 못해도,
그저 조용히 들어주는 것만으로
그 사람은 이미 위로받는다.

침묵은 무심함이 아니라,
존중의 가장 정제된 언어였다.
나는 어떤 자리에서도
말보다 침묵이 더 강한 순간을 경험했다.

관계의 온도는
대화의 양이 아니라 귀 기울임의 깊이로 결정된다.
말이 아니라, 들음의 태도가 관계를 따뜻하게 만든다.

☕ **잠시 머물며**

"침묵은 마음의 언어다." – 성 제

"진짜 대화는 말이 아니라 귀에서 시작된다." – 헨리 나우웬 인간관계에서 상처는 피할 수 없다.
사람은 다 다르기 때문이다.
그 다름이 불편할 때, 우리는 오해를 만든다.

나는 수없이 오해를 했고,
수없이 오해를 받았다.
그러나 그 모든 관계의 변곡점은
용서의 순간에 있었다.

용서는 약함이 아니라,
관계를 이어주는 마지막 다리였다.
서로의 다름을 인정하고,
그 다름 속에서도 손을 내밀 줄 아는 용기.
그것이 인간관계의 존엄이었다.

☕ **잠시 머물며**

"오해는 인간의 숙명이고, 용서는 인간의 구원이다." – 성 제

"사람을 이해한다는 것은 그를 용서한다는 뜻이다." – 빅터 위고(Victor Hugo)

다섯 번째 장면 – 세대 간의 거리

나는 후배들과 일하며 종종 느낀다.
세대란 '시간의 벽'이 아니라,
대화의 언어가 다른 세계라는 것을.

젊은이들은 빠르고,
나는 천천히 말한다.
그들은 즉각적인 반응을 원하지만,
나는 여운을 남기는 말을 택한다.

그러나 그 간극 속에서
우리가 서로를 배울 수 있다면,
그것은 결코 단절이 아니라 다리다.

나는 젊은 세대에게 말한다.

"너희는 속도의 세대고, 나는 방향의 세대다.
우리는 서로를 필요로 한다."

☕ 잠시 머물며

"세대 간의 대화는 다름을 이해하는 예술이다." – 성 제

"세대의 간극은 사랑의 언어로만 메워진다." – 파울로 코엘료

여섯 번째 장면 – 관계의 온도를 유지하는 법

나는 인간관계에서

온도를 잃은 관계보다

거리를 잃은 관계가 더 무섭다고 생각한다.

온도는 다시 데울 수 있지만,

거리는 한번 무너지면 회복하기 어렵다.

그래서 나는 언제나 관계의 중심에서

이 세 가지를 지킨다.

1. 침묵으로 균형을 잡을 것

2. 존중으로 거리감을 유지할 것

3. 감사로 온도를 회복할 것

이 세 가지는

내가 수십 년간의 인간관계 속에서 얻은

가장 단단한 법칙이다.

☕ 잠시 머물며

"관계의 품위는 거리의 감각과 온도의 기술에서 태어난다." – 성 제

"사람을 잃지 않으려면, 먼저 거리를 배워야 한다." – 스티븐 코비

8장

다음 세대를 위해

"나는 너희에게 재산보다 '생각'을 남기고 싶다.
세상은 변해도, 생각하는 인간은 언제나 시대를 이끈다."

나는 인생의 끝에서 문득 깨닫는다.
사람은 결국 두 가지를 남긴다.
사랑한 흔적과, 생각한 흔적.

사랑의 흔적은 관계 속에 남고,
생각의 흔적은 글과 행동 속에 남는다.
나는 이 두 가지를 남기기 위해
인생을 걸었다.

첫 번째 장면 – 시간이 나를 가르친 것

젊은 날의 나는 세상을 바꾸겠다고 다짐했다.

그러나 지금의 나는, 세상을 바꾸는 일보다

사람 한 명의 생각을 바꾸는 일이 더 위대하다는 것을 안다.

사람은 생각이 변할 때,

비로소 인생이 달라진다.

돈도, 명예도, 지식도,

사유(思惟)가 바뀌지 않으면

아무것도 변하지 않는다.

그래서 나는 다음 세대에게 이렇게 말하고 싶다.

"세상을 원망하지 말고, 먼저 생각을 새롭게 하라."

시간은 나에게 이 법칙을 가르쳤다.

세상은 언제나 생각의 속도를 따라간다는 것을.

☕ 잠시 머물며

"시간은 생각의 속도를 따라 흐른다." – 성 제

"인간의 미래는 그가 지금 무엇을 생각하느냐에 달려 있다." – 제임스 앨런 나는 물질을 많이 남기지 못한다.
그러나 나는 그보다 더 값진 것을 남기려고 한다.
그것은 사유의 방향과 신념의 흔적이다.

다음 세대에게 말하고 싶다.
너희의 시대는 더 복잡하고, 더 빠르고,
더 치열할 것이다.
그러나 잊지 말아라.
속도가 빠를수록 방향이 중요하다는 것을.

나는 이 책을 통해,
한 인간이 살아온 발자취 속에서
무엇이 변하지 않았는지를 보여주고 싶었다.
그것은 한 가지다.

"인간은 결국, 생각하는 존재로서만 존재한다."

☕ 잠시 머물며

"진짜 유산은 재산이 아니라, 사유의 방향이다." – 성 제

"지혜를 유산으로 남기면, 그것은 영원히 썩지 않는다." – 아리스토텔레스

나는 오늘의 세대를 본다.

정보가 넘치지만, 지혜는 희미하고, 사람이 많지만, 관계는 얕으며, 모두가 연결되어 있지만, 진심은 점점 고립되어간다.

나는 너희에게 이렇게 묻고 싶다.

"너희는 무엇을 믿고 사는가?"

믿음은 종교가 아니라, 삶의 중심을 잃지 않게 해주는 '축'이다.
그 축이 흔들릴 때, 인간은 방향을 잃고, 결국 자신을 잃는다.

너희의 시대에는 기술이 많을 것이다.
그러나 기술은 인간을 대신할 수 없다.
사유, 양심, 사랑, 용서, 품격.
이 다섯 가지는
그 어떤 인공지능도 대신할 수 없는 인간의 영역이다.

☕ **잠시 머물며**

"기술이 인간을 이길 수는 없다.

그러나 인간이 생각을 멈추면, 기술이 인간을 지배한다." – 성 제

"지성은 도구이고, 사유는 인간이다." – 헨리 나우웬

네 번째 장면 – 배워야 할 것과 잊어야 할 것

나는 젊은 날 배움에 굶주렸다.
책을 읽고, 사람을 만나고, 세상을 분석했다.
그러나 이제 안다.
배움의 절반은 잊음의 예술이라는 것을.

배움은 쌓는 것이지만,
지혜는 덜어내는 것이다.
지식이 많을수록 오히려 마음은 무거워진다.
진짜 배움은,
불필요한 욕심과 소음을 비워내는 일이다.

나는 다음 세대에게 말하고 싶다.

"배우는 법보다, 비우는 법을 먼저 익혀라."
그 안에 진짜 자유가 있다.

☕ **잠시 머물며**

"지혜는 덜어냄에서 완성된다." – 성 제

"아는 것을 버릴 때, 진짜 보이는 것이 있다." – 톨스토이

다섯 번째 장면 – 사람을 이기는 법

세상은 경쟁으로 가득하지만,
나는 이제 이렇게 말한다.

"사람을 이기는 법은, 사람을 이기지 않는 것이다."

진짜 승리는 타인을 누르는 것이 아니라,
스스로의 어제보다 나아지는 일이다.
다른 사람을 이기려고 하면 마음이 좁아지고,
어제의 나를 이기려고 하면 마음이 깊어진다.

나는 인생의 마지막에서야 깨달았다.
경쟁보다 더 위대한 것은 존중의 철학이라는 것을.

☕ 잠시 머물며

"승리보다 존중이 인간을 성장시킨다." – 성 제

"경쟁은 세상을 움직이고, 존중은 세상을 살린다." – 스티븐 코비

나는 언젠가 후배에게 이렇게 말했다.

"너희는 나보다 훨씬 똑똑할 거야.
그러나 지혜는 속도가 아니라, 깊이에서 자란단다."

나는 세상에 단 하나의 말을 남긴다면,
이 문장을 남기고 싶다.

"생각하라. 그리고 사랑하라."

이 두 가지가 무너질 때,
문명은 무너지고,
사람은 기계로 변한다.
그러나 이 두 가지가 살아 있을 때,
인간은 어떤 시대에도 인간일 수 있다.

☕ 잠시 머물며

"다음 세대를 위해 남길 수 있는 가장 큰 선물은,
생각하는 인간으로 살아가는 본보기다." – 성 제

"사람은 자신이 믿는 생각이 된다." – 제임스 앨런

실천과 제안 :
현실 속의 철학

이 책의 본문이 한 인간의 사유와 여정이라면, 부록은 그 사유가 현실 속에서 어떻게 움직였는가에 대한 기록이다.

나는 오랫동안 '철학이 밥상으로, 사상이 일터로' 옮겨져야 한다고 믿어왔다.

생각이 머리에만 머무르면 그것은 지식에 불과하지만,
몸으로 옮겨질 때 비로소 지혜가 된다.

생각은 방향을 정하지만, 행동은 그 방향에 생명을 불어넣는다.
신념은 머리로만 존재할 때는 이론이지만, 몸으로 옮겨질 때 비로소 현실이 된다.

나는 아들들과 같이 일을 한다.
나는 두 아들에게 종종 이렇게 말한다.
"아무리 좋은 아이디어 99가지를 갖고 있더라도
그중 단, 한 가지라도 들고 나가지 않으면 아무 의미가 없다.

책상 위의 생각은 세상을 바꾸지 않는다.
그러나 발로 나간 생각은 사람을 움직인다.”

세상은 결국 '한 걸음'에 반응한다.
나는 그것이 사업이자, 인생의 구조라고 믿는다.
생각이 신념을 낳고, 신념이 행동을 부르고, 행동이 결국 현실
을 만든다.
그리고 그 현실은 다시 새로운 생각의 씨앗이 된다.

이 부록은 그 믿음에서 시작되었다.
여기에는 내가 살아오며 직접 부딪히고 실험했던
현장의 제안과 실천의 기록이 담겨 있다.
협동조합, 공동급식, 실버이음 프로젝트,
그리고 내가 만난 수많은 일터와 사람들의 이야기들.
그 안에서 나는 '철학이란 곧 삶의 기술'임을 배웠다.

나는 이 부록을 통해 독자에게 묻고 싶다.
"당신의 생각은 지금 어디에서 작동하고 있는가?"
철학은 책상 위의 문장이 아니라,
밥 짓는 손끝과 관계의 현장 속에서 살아 움직여야 한다.
그럴 때, 사상은 현실을 바꾸는 힘이 된다.

이 부록은 거창한 논문이 아니다.

그저 내가 살아오며 남긴 몇 가지 제안,

그리고 다음 세대에게 건네는 실천의 씨앗이다.

누군가가 이 씨앗을 받아

자신의 삶에서 다시 싹 틔워주길 바란다.

"생각은 머리에 남지 않고, 행동으로 옮겨질 때 비로소 철학이 된다." – 성 제

1장

일, 소망, 건강의 순환

첫 번째 장면 – 살아 있다는 증거

나는 일을 좋아해서 시작한 사람이 아니다.
그 누구보다 치열하게, 어쩔 수 없이,
살기 위해 시작한 사람이었다.

당시의 나는 '의무'라는 말에 눌려 있었다.
가족의 생계를 책임져야 했고,
그 책임은 어느새 나의 사슬이 되었다.
하루가 끝나면 몸은 무너지고, 잠이 들면 다음 날이 두려웠다.

그런데 이상했다.
시간이 흘러도 나는 여전히 그 일을 하고 있었다.
싫다고 하면서도, 지겹다고 중얼대면서도,
아침이면 어김없이 그 일을 향해 걸어갔다.

나중에서야 알았다.

그것은 의무가 아니라 삶의 본능이었다는 것을.

일이 나를 살리고 있었다.

피곤이 나를 갉아먹는 게 아니라, 일이 내 안의 정신을 세우고 있었다.

나는 그때 처음 깨달았다.

"일은 나를 소모시키는 것이 아니라, 나를 순환시킨다."

숨을 내쉬듯, 나는 일하고 있었다.

숨을 들이쉬듯, 일은 나를 다시 일으켰다.

그때부터 내 '일'은 생계가 아니라 '소망'이 되었다.

내가 꾸는 꿈이 일이 아니라, 일이 나로 하여금 꿈을 꾸게 했다.

젊은이들이여, 너희는 일을 피로로만 보지 말아라.

그건 네가 살아 있다는 증거다. 너희가 일을 통해 땀을 흘릴 때,

그 땀방울 속에는 이미 너의 소망의 씨앗이 들어 있다.

어느 날 너는 깨닫게 될 것이다.

"내가 이 일을 택한 게 아니라, 이 일이 나를 선택했구나."

그때부터 네 건강은 '육체의 문제'가 아니라,

'존재의 리듬'이 된다.

"일은 생계를 위한 것이 아니라,

소명을 실현하는 가장 인간다운 행위다." – 스티븐 코비

두 번째 장면 – 소망은 방향이 아니라 상태

나는 한동안 '소망'이라는 말을 입에 올리지 않았다.
그 단어는 너무 아름다워서, 현실의 거친 공기와 어울리지 않
았다.
하루 벌어 하루를 버티던 내 삶 속에서
소망은 사치처럼 보였다.

그때의 나는 단지 일했다.
눈앞의 문제를 해결하고, 누군가의 기대를 채우고,
내일이 무너지지 않게 버티는 일. 그것이 전부였다.

하지만 어느 날, 문득 깨달았다.
나는 그 '버팀' 속에서 자라나고 있었다는 것을.

그날은 유난히 힘든 하루였다.
아이들이 떠난 교실, 텅 빈 식탁, 어두워진 창가.
나는 홀로 앉아 있었다. 그리고 알 수 없는 평안이 찾아왔다.
그것은 성공도 아니고, 성취도 아니었다.
그냥 '살고 있음' 자체에서 오는 조용한 생기였다.

그때 나는 '소망'이라는 단어를 다시 꺼냈다.
소망은 꿈이 아니었다.

꿈은 아직 오지 않은 미래지만, 소망은 이미 오늘 내 안에서 자라나고 있었다.

소망이란 '이 일을 내일도 할 수 있기를 바라는 마음'이었다.
그 단순한 바람이, 나를 내일로 이끌었다.

젊은이들이여, 너희가 일을 하며 버티는 그 하루가 누군가에게는 이미 '소망의 증거'다.
너희가 오늘 만든 작은 결과물 하나,
그것이 너의 인생을 밀고 가는 숨이다.

나는 소망이 '특별한 목적'이라고 생각하지 않는다.
소망은 방향이 아니라 상태다.
"나는 아직 포기하지 않았다."
그 한마디가 바로 소망이다.

어느 날 문득, 나는 내 손을 바라보았다.
굳은살이 박인 손바닥, 시간의 흔적이 스며든 주름,
그 손이 나에게 말했다.

"너는 여전히 일하고 있다. 그러니 너는 여전히 살아 있다."

그 순간 나는 확신했다. 건강이란, 병이 없는 상태가 아니라

 밥은 먹고 다니냐 - '사람'을 남긴다는 것

일을 계속할 수 있는 마음의 근육이었다.

몸은 언젠가 늙는다. 하지만 소망을 잃지 않는 사람은
결코 쇠하지 않는다.

"삶의 의미를 찾는 사람은 고통 속에서도 방향을 잃지 않는다."

– 빅터 프랭클

세 번째 장면 – 열정은 버티는 힘

나는 어느 시점에서부터 '일이 나를 죽인다'라고 믿었다.
몸은 무거웠고, 마음은 점점 공허해졌다.
새벽부터 밤까지 일했지만, 하루가 끝나면 내 안에는 아무것도
남지 않았다.

내가 만들어온 결과물들이 나를 증명해주지 않았다.
매출, 성과, 사람들의 인사말, 그 모든 것이 허공처럼 흩어졌다.

그때 처음, 나는 나 자신에게 물었다.
"나는 왜 이 일을 하는가?"
"무엇이 나를 여기까지 오게 했는가?"

대답은 없었다. 대신 몸이 먼저 대답했다.
어느 날 아침, 갑자기 일어날 수가 없었다.
허리가 끊어질 듯 아팠고, 손끝이 저렸다.
눈을 감으면 가슴이 조여왔다.

병원 침대에 누워서, 나는 깨달았다.
몸이 먼저 멈추지 않았다면, 나는 마음을 되돌아보지 못했을 것
이다.
고통이 나를 세웠다.

    밥은 먹고 다니냐 – '사람'을 남긴다는 것

젊은이들이여, 세상이 말하는 '열정'이 전부가 아니다.
진짜 열정은 불타는 것이 아니라,
버티는 힘이다. 견디는 힘. 고통을 통과하는 힘.

나는 고통 속에서 '진짜 건강'을 다시 배웠다.
건강은 완벽한 신체가 아니라, 다시 시작할 수 있는 의지였다.

그 시절 나는, 무너진 내 사무실 한가운데 앉아 있었다.
컴퓨터 전원은 꺼져 있었고, 벽에는 실패한 사업계획서가 붙어 있었다.
눈앞에는 아무도 없었다.
그런데 이상하게도, 그 고요함 속에서 나는 '살아 있음'을 느꼈다.
무너졌는데, 여전히 살아 있었다.
그 순간 나는 알았다. 고통은 벌이 아니었다.
그것은 내 삶이 아직 나를 포기하지 않았다는 신호였다.

그 후부터 나는 '고통의 언어'를 다시 썼다.
예전에는 그것을 '실패'라 불렀지만,
이제는 그것을 '리듬의 쉼표'라 부른다.

쉼 없이 달리던 인생이, 잠시 숨 고르기를 한 것뿐이다.
음악에서도 쉼표가 있어야 선율이 완성되듯,
삶에도 멈춤이 있어야 의미가 드러난다.

젊은이들이여, 너희가 지금 힘들다면,

그것은 삶이 너를 점검하는 중이다.

너의 엔진이 꺼지기 전에, 너 자신에게 돌아보라고 신호를 보

내는 것이다.

고통을 피하지 말고, 그 속으로 한 걸음만 더 들어가 봐라.

거기서 너는 반드시 만날 것이다.

진짜 너 자신을.

나는 이제 안다. 고통이 없었다면,

나는 결코 나를 이해하지 못했을 것이다.

건강이란, 무병의 상태가 아니다.

건강은 '다시 일어서는 능력'이다.

그리고 그 능력은, 오직 고통을 통과한 자에게만 주어진다.

☕ <u>**잠시 머물며**</u>

"상처는 부끄러움이 아니라, 사랑이 흘러나오는 통로다." – 헨리 나우웬

   밥은 먹고 다니냐 - '사람'을 남긴다는 것

네 번째 장면 – 회복은 더 단단한 나로 리셋되는 과정

세상은 늘 이렇게 묻는다.
"그 후에는 어떻게 됐습니까?"
"다시 일어설 수 있었나요?"

그 질문은 잔인하다. 왜냐하면 사람은 완전히 회복되지 않기 때문이다.
다만 다시 걷는 법을 배우는 것뿐이다.

나는 오래전부터 믿었다.
사람의 인생은 성공과 실패로 나뉘지 않는다.
일어서는 시점이 다를 뿐이다.

내가 완전히 무너졌다고 느꼈던 그 시절,
나는 매일 작은 일 하나를 해냈다.
이메일 한 통 보내기, 서류 하나 정리하기,
그 작은 행동들이 나를 살렸다.

회복은 '대단한 결심'에서 시작되지 않는다.
회복은 아주 사소한 습관의 반복에서 시작된다.
몸이 움직이면 마음이 따라온다.
마음이 따라오면, 생각이 다시 빛을 찾는다.

그것이 회복의 리듬이다.

나는 회복을 네 단계로 구분한다.

정지(Stop) : 멈춰라. 무조건 멈춰라.
아무것도 하지 않는다는 것은 게으름이 아니라, 재정비다.

관찰(See) : 네 고통을 바라봐라.
부정하지 말고, 관찰하라. "아, 내가 이렇게 아프구나." 그것으로 충분하다.

행동(Move) : 작게라도 움직여라.
이불을 개고, 창문을 열고, 한 줄이라도 써라. 그게 네 재시동이다.

공유(Connect) : 사람에게 말을 걸어라.
"나 요즘 좀 힘들어." 그 한마디가 회복의 문을 연다.

나는 이 네 단계를 통해 일의 리듬, 삶의 리듬, 관계의 리듬을 되찾았다.

그때 깨달았다. 회복이란, 다시 예전으로 돌아가는 게 아니다. 회복은 더 단단한 나로 리셋되는 과정이다.

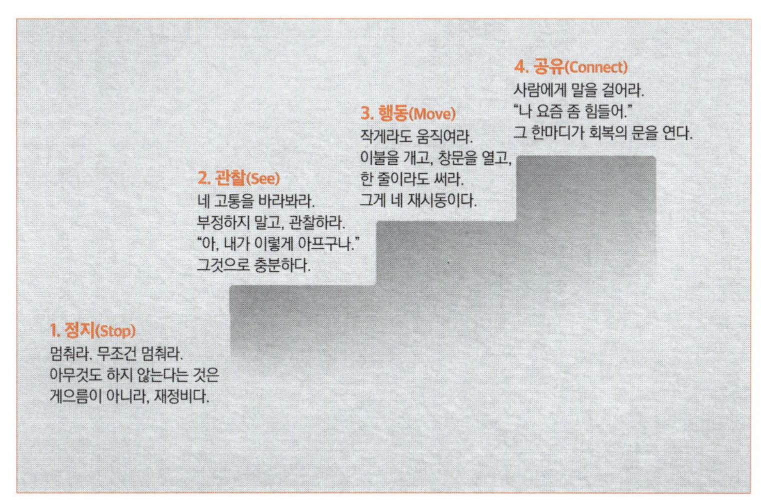

젊은이들이여, 지금 네가 아무리 무너진 듯 보여도
그것은 끝이 아니다. 무너진 그 자리가 너의 새로운 기초다.

세상이 네게 묻는다.
"이젠 괜찮아졌니?"
그럴 때 이렇게 대답해라.

"아직 회복 중이야. 하지만 나는 오늘도 살아 있고,
 내일은 더 단단할 거야."

나는 내 삶의 수많은 실패 속에서
이 한 가지 사실만은 확신하게 되었다.

사람은 부서지면서 자란다.

부서지지 않은 사람은 아직 살아보지 않은 사람이다.
무너지지 않은 사람은, 자기 한계를 모르는 사람이다.
그러니 부서졌다고 두려워하지 마라.
그것은 네가 '성숙의 문' 앞에 서 있다는 뜻이다.

회복이란, 단순히 다시 일하는 것이 아니다.
그것은 네 인생의 '소프트웨어'를 업데이트하는 일이다.
고통은 오래된 버전을 지우고,
새로운 너를 설치하기 위한 시스템 재부팅이다.

그 과정에서 잠시 다운될 수도 있다.
그러나 기억하라. 리셋은 고장 난 것이 아니라, 새로워지는 것
이다.

 **<u>잠시 머물며</u>**

"인간은 고통 속에서 자신을 가장 깊이 인식한다."

– 도스토옙스키

다섯 번째 장면 – 삶의 리듬

나는 지금도 완벽히 회복된 사람은 아니다.
하지만 괜찮다. 이제 나는 넘어져도
다시 일어서는 방법을 알고 있으니까.

나는 다시 걷고 있다. 천천히, 그러나 확실히.
내 걸음마다 소망이 숨 쉬고, 건강이 자란다.

그리고 나는 안다. 이것이 바로 삶의 리듬이라는 것을.

☕ 잠시 머물며

"사람은 자신을 위해 살 때보다, 남을 위해 살 때 더 온전하다."

– 톨스토이

나는 일로 인해 무너졌고, 일로 인해 다시 일어섰다.
이 단순한 문장이, 내 삶 전체를 설명한다.

일은 내게 벌이 아니었다. 그것은 나를 인간으로 남게 한 마지막 끈이었다.
삶의 모든 소음 속에서도 일은 여전히 나를 부르고 있었다.

그 소리는 때로 날카롭고, 때로 다정했다.
"멈추지 말아라."
"네가 하는 이 일이 바로 네 생명이다."

나는 그 부름에 순종하듯 걸었다. 때론 지쳐 주저앉았고,
때론 눈물을 삼키며 다시 일어섰다.

그리고 알았다. 소망은 거창한 목표가 아니라
'오늘 하루를 버텨낸 자신을 인정하는 힘'이었다.

건강은 단지 몸이 괜찮은 상태가 아니라,
삶을 다시 사랑할 수 있는 용기였다.

이제 나는 안다. 일은 나를 소모시키지 않는다.

일은 나를 되살린다. 소망은 멀리 있지 않다.

그것은 내가 지금 이 문장을 쓰는 손끝에도 있다.

건강은 그 손끝의 떨림처럼 아직 살아 있다는 증거다.

 **잠시 머물며**

"삶이 우리에게 질문을 던질 때, 우리는 일로 대답해야 한다."

– 빅터 프랭클

"고독의 온도"

나는 이제 안다.
다르게 산다는 것은 선택이 아니라 숙명이다.
누구도 대신 걸어줄 수 없는 길.

그 길을 걸으며, 나는 수없이 쓰러졌고,
그때마다 나를 다시 세운 건 박수도, 명예도 아닌
한 줄의 믿음이었다.

"나는 여전히 내 방식으로 살아간다."

세상이 이해하지 않아도 괜찮다.
중요한 것은, 내가 나를 이해하는 것이다.

고독은 내 적이 아니었다.
그것은 내가 진짜 나로 존재하고 있다는 증거였다.

2장

역발상의 철학 : 다르게 본다는 용기

첫 번째 장면 – 내 인생을 바꾸는 것은, 이상함

나는 늘 늦게 깨닫는 사람이다. 남들이 다 옳다고 할 때,
나는 그 말이 이상하게 들렸다.
그런데 그 '이상함'이 내 인생을 바꾸었다.

누구나 사회의 틀 속에서 자란다.
좋은 대학, 안정된 직장, 안전한 루트.
그 틀은 우리를 보호하지만, 동시에 묶는다.
나는 그 틀을 의심하는 순간, 비로소 내 길을 걷기 시작했다.

내가 처음 사업을 시작했을 때, 주변은 모두 말했다.
"지금은 위험해." "그건 안 될 거야." "다들 그렇게 하잖아."

그 말들은 친절한 조언처럼 들렸지만,

결국은 ‘두려움의 언어’였다.

나는 그때 깨달았다. 사람들은 실패를 두려워해서,
새로운 길이 아니라 ‘안전한 모방’을 선택한다.

하지만 나는 알고 있었다. 성공은 따라 하는 것이 아니라,
생각을 바꾸는 순간에 시작된다는 것을.

나는 역발상을 믿는다. 그것은 단순한 반항이 아니라,
세상을 다시 구성하려는 의지다.

다른 각도에서 보면, 같은 현실도 전혀 다르게 보인다.
패배처럼 보였던 일이 사실은 성장의 장이었다.
실패로 여겼던 날이 나에게는 방향을 바꿔준 신호였다.

젊은이들이여, 틀을 의심하는 것은 불안한 일이 아니다.
그것은 생각의 근육을 단련하는 과정이다.

틀을 의심할 때, 너는 세상의 소음 대신
너 자신의 목소리를 듣게 된다.

그리고 언젠가 깨닫게 될 것이다.
틀을 벗어나는 것은 반항이 아니라,

자신에게 충실해지는 일이라는 것을.

 **잠시 머물며**

"사람은 자신의 생각으로 세상을 만든다. 생각을 바꾸면, 세상도 새로워진다."

– 제임스 앨런

두 번째 장면 – 역발상은, 그 마비를 깨는 사유의 해방 운동

나는 오래전부터 사람들의 '당연함'이 두려웠다.
"이건 원래 이런 거야." "이건 해본 적이 없어."
그 말이 세상에서 제일 무서웠다.

'당연함'은 사고를 마비시킨다.
그리고 역발상은, 그 마비를 깨는 사유의 해방 운동이다.

국내의 거꾸로

무신사는 처음에는 '패션 쇼핑몰'이 아니었다.
'패션 커뮤니티'였다.
사람들이 사진을 올리고, 서로 평가하며,
'멋'을 나누던 공간이었다.

그들은 판매보다 대화의 열기에 집중했다.
결국 그 대화가 시장을 뒤집었다.
제품이 아니라 '문화'를 판 것이다.
이건 단순한 사업의 성공이 아니라
사고의 전환이었다.

"팔지 않아도 산다."
이 한 문장이 그들의 철학이었다.

해외의 거꾸로

파타고니아(Patagonia)의 광고는
"Don't buy this jacket."
세상 모든 브랜드가 '사라'라고 외칠 때,
그들은 '사지 말라'라고 말했다.

그 역설적인 문장이 브랜드를 구했다.
사람들은 그 메시지 속에서
'도덕적 신뢰'를 봤다.
결국 매출은 더 올랐다.

이것은 단순한 마케팅이 아니라,
윤리적 소비라는 철학의 반전이었다.

내 삶의 거꾸로

나는 한때 '실패는 끝'이라고 믿었다.
그런데 실패는 내 인생의 시작점이었다.
무너진 자리에 남은 것은 절망이 아니라, 나 자신이었다.

나는 그때 처음 알았다.
역발상은 기술이 아니라, 태도다.
세상이 닫힌 문을 보여줄 때, 나는 창문을 찾았다.
그것이 나의 생존 방식이었다.

젊은이들이여,

너희는 지금 거대한 구조 속에 살고 있다.

하지만 구조는 언제나 인간보다 느리다.

너희가 한 걸음만 비틀어도,

그 틀은 무너진다.

다르게 본다는 것은 위험이 아니라,

진짜로 살아 있다는 증거다.

틀 밖으로 나가는 순간,

진짜 세상이 시작된다.

"사람은 자신의 생각으로 세상을 만든다. 생각을 바꾸면, 세상도 새로워진다."

– 제임스 앨런

세 번째 장면 – 벽을 허무는 사람들

세상은 늘 이렇게 나뉘어 있었다.

A와 B,

예술과 기술,

감성과 이성,

노동과 사유.

사람들은 그 사이에 선을 그었다.

그 선이 오래되면 벽이 되고,

그 벽이 두꺼워지면 서로의 언어가 사라진다.

하지만 언제나,

그 벽을 허무는 사람들이 있었다.

나는 그런 사람들을 '조립가(assembler)'라고 부른다.

그들은 세상을 분리하지 않고,

낯선 조각들을 붙여 새로운 그림을 만든다.

A와 B의 만남, 새로운 문명

현대자동차의 모빌리티 라운지.

자동차와 예술,

기계 기술과 감성 디자인.

그곳에서는 엔진의 진동 대신

조용한 음악과 조명,

그리고 사람의 움직임이 리듬을 만든다.

고객은 차량을 보러 오지만,

결국 자신이 꿈꾸는 '삶의 방식'을 경험하고 돌아간다.

AI는 그의 취향을 기억하고,

다음 방문 때에는 다른 공간 조명과 사운드로 맞이한다.

이것은 단순한 판매가 아니라,

기술과 감성의 화해였다.

A(기계)와 B(예술)가 만나

'이동의 철학'을 만들어낸 것이다.

한국의 조립가들

배달의민족 + 예술 = 배민문방구.

배달 플랫폼이 갑자기 문구를 팔았다.

사람들은 의아했다.

"음식을 배달하던 회사가 왜 연필을 팔지?"

하지만 그들은 알고 있었다.

배달은 '음식'이 아니라 '감성의 전달'이라는 것을.

그 철학 하나로,

음식은 문장이 되었고, 문장은 문화가 되었다.

그 한 줄의 문구가 세상을 바꿨다.

"이 연필은 맛있게 써집니다."
단순한 말장난 같지만,
그것은 '언어의 혁명'이었다.

인생의 조립

나는 내 삶에서도 수많은 A와 B를 붙였다.
교육과 식탁,
돌봄과 경영,
철학과 노동.

이질적이라 여겨졌던 그 조각들이
하나의 문장으로 이어지기 시작했다.
그때 깨달았다.
혁신이란 기술의 문제가 아니라,
의미의 결합이라는 것을.

서로 다른 세계가 만나야,
비로소 새로운 생명이 태어난다.

젊은이들이여,
너희가 지금 배우고 있는 전공,

너희가 하고 있는 일,

그것은 서로 전혀 상관없는 조각처럼 보일 수도 있다.

하지만 언젠가 그 조각들이 맞물려

너의 독창적인 우주를 만든다.

절대로 조각을 버리지 마라.

조각은 시간이 지나야 의미를 가진다.

세상은 이제 한 가지 언어만으로는 해석되지 않는다.

복합의 시대다. 그래서 더더욱 조립의 기술,

즉 '의미를 엮는 힘'이 필요하다.

나는 오늘도 조립한다.

일과 철학을, 현장과 글을, 사람과 사람을.

그 조립의 끝에, 나는 늘 같은 문장으로 닫는다.

"서로 다른 세계가 만나야, 인간은 완성된다."

☕ 잠시 머물며

"인간은 환경에 반응하는 존재가 아니라, 의미를 선택하는 존재다."

– 빅터 프랭클

 밥은 먹고 다니냐 – '사람'을 남긴다는 것

네 번째 장면 – 역발상은 하루를 버티는 인내의 철학

사람들은 말한다.
"틀을 깬다는 것은 멋진 일이야."
하지만 아무도 말해주지 않았다.
그 멋진 일 뒤에 얼마나 깊은 외로움이 따르는지.

세상은 새로운 생각을 좋아하지만,
그 생각을 제일 먼저 거부하는 것도 세상이다.

나는 수없이 그런 벽에 부딪혔다.
누군가를 설득해야 했고,
나 자신을 다시 믿어야 했다.
모두가 "안 된다"라고 말할 때,
혼자서 "된다"라고 말해야 하는 일.

그것이 진짜 역발상가의 일상이다.

젊은이들이여,
너희가 다르게 생각한다면,
그것은 곧 다르게 외로워진다는 뜻이다.
그러나 그 외로움이 너를 만든다.

다르게 산다는 것은
한때의 반항이 아니라 평생의 태도다.
그리고 그 태도에는 책임이 따른다.

나는 깨달았다.
혁신은 용기보다 지속성이 필요하다.
용기는 잠시지만, 지속은 평생이다.

세상은 변화를 좋아하지만,
변화를 견디는 사람은 드물다.

역발상은 한순간의 아이디어가 아니라
하루를 버티는 인내의 철학이다.

나는 가끔 묻는다.
"내가 잘하고 있는 걸까?"
"이 길 끝에는 뭐가 있을까?"

그때마다 나는 스스로에게 답한다.
"모르겠다. 하지만 나는 이 길에서 나 자신을 잃지 않았다."

그것이면 충분하다.

   밥은 먹고 다니냐 - '사람'을 남긴다는 것

세상은 결국 결과로 평가하겠지만,

나는 과정을 사랑하기로 했다.

결과는 한순간이지만,

과정은 내 전부이기 때문이다.

다르게 산다는 것은

결국 '자신의 길을 끝까지 걸어가는 일'이다.

그리고 그 길의 끝에는 아무도 모르는 작은 평화가 기다린다.

☕ **잠시 머물며**

"원칙을 따르는 사람은 외로울 수 있다. 그러나 그 외로움이 바로 자유다."

– 스티븐 코비

"다르게 본다는 것은 결국, 더 깊이 사랑하는 일이다"

나는 젊은 날, 세상을 바꾸고 싶었다.
하지만 시간이 지나 알았다.
세상을 바꾸는 일은 거대한 혁명이 아니라,
사물을 다르게 보는 눈 하나를 바꾸는 일이었다.

역발상이란 반항이 아니다.
그건 '당연함'이라는 안개를 걷어내고
진짜 풍경을 다시 보는 일이다.

나는 실패 속에서 가능성을,
혼돈 속에서 질서를,
거절 속에서 관계를 다시 보았다.

다르게 본다는 것은
세상을 미워하는 것이 아니라,
세상을 다시 사랑하려는 시도였다.

그 사랑이 있기에
나는 지금도 낯선 길을 두려워하지 않는다.
남들과 다른 길을 걷는다는 것은,
결국 더 넓은 세상을 품겠다는 뜻이니까.

세상을 바꾸는 사람은
소리를 지르는 이가 아니라,
조용히 새로운 길을 걷는 사람이다.
그들의 발자국이 모여
세상의 방향이 바뀐다.

나는 이제 안다.
다르게 산다는 것은 외로움이 아니라,
사랑의 또 다른 이름이었다는 것을.

☕ **잠시 머물며**

"세상을 바꾸는 것은, 자신의 길을 끝까지 걸어가는 단 한 사람의 용기다."

– 파울로 코엘료

3장

A와 B의 융합 : 이질적 만남이 만든 혁신

첫 번째 장면 – 세상은 서로를 찾아 헤매는 조각

나는 늘 두 세계 사이에서 살아왔다.

논리와 감성, 교육과 사업, 이상과 현실.

그 사이에는 늘 미세한 전류가 흘렀다.

처음에는 그것이 불편했다.

둘 중 하나를 선택해야만 '정상적인 사람'이 될 것 같았다.

하지만 시간이 지나자

나는 그 긴장 속에서 생명의 리듬을 느꼈다.

세상은 나눠진 조각들이 아니라,

서로를 찾아 헤매는 조각들이었다.

그 조각들이 맞닿을 때 순간적인 불꽃이 튀었다.

그리고 바로 그 불꽃이 새로운 문명을 태동시켰다.

나는 한동안 '융합'이라는 말을 싫어했다.
너무 쉽고, 너무 많이 쓰였기 때문이다.
하지만 실제 현장에서 본 융합은
그 어떤 단어보다도 뜨거운 실험의 현장이었다.

교실과 농장 사이에서

내가 처음 '두 세계의 만남'을 목격한 것은 아이들이 흙을 만지던 어느 봄날이었다.

도시의 어린이집 아이들이 손에 진흙을 묻히며 놀고 있었다.
나는 아직도 그날의 그 장면을 잊지 못한다.

아이들은 처음에는 불편해했다. "선생님, 손이 더러워졌어요."
하지만 몇 분이 지나자, 그 손으로 씨앗을 심고, 흙을 눌렀다.
그 순간부터 '교육'은 교실을 벗어났다.

교실의 언어가 흙의 언어와 만났다.
지식이 감각으로 변했고,
감각이 다시 기억으로 돌아왔다.

그날 나는 깨달았다.
교육은 머리로 하는 것이 아니라, 손으로 하는 것이다.
아이들은 가르침을 배우는 것이 아니라,

세상과 접촉하는 법을 배우고 있었다.

그것이 바로 두 세계의 만남이었다.
지식과 생명, 교육과 자연의 결혼식이었다.

기술과 인간의 교차점
그 후 나는 또 다른 만남을 보았다. 인공지능과 인간의 감성.

처음에는 모두 AI를 경계했다.
"기계가 인간을 대체할 거야.", "감정은 복제되지 않아."

하지만 나는 달리 보았다. 기계가 인간을 닮아가는 것이 아니라,
인간이 자신의 가능성을 기계에 비춰보는 거울이라 느꼈다.

AI는 인간의 철학을 시험대 위에 올려놓았다.
'창의란 무엇인가?', '감정이란 데이터로 환원될 수 있는가?'
이 질문들이 던져지는 순간, 인간은 다시 자신을 성찰하기 시
작했다.

AI가 글을 쓰고, 그림을 그리고, 음악을 작곡하는 세상.
그 안에서 인간은 다시 '의미의 존재'로 돌아간다.

우리가 기계와 싸우는 것이 아니라, 기계를 통해 인간다움을 복

원하고 있는 것이다.

전통과 미래의 악수

나는 오래된 장인 한 사람을 기억한다.
그는 매일 같은 도구로 나무를 다듬었다.
그의 손에는 세월이 묻어 있었고, 작업실에는 먼지가 쌓여 있었다.

하지만 그 장인은 이제 그 나뭇결을 스캔해서
3D 프린터로 복제하기 시작했다.
전통의 손이 미래의 기계와 악수한 것이다.

그의 작품은 여전히 나무의 온기를 품고 있었지만, 그 온기가
디지털로 번역되었다.

그때 나는 배웠다. '보존'은 과거를 붙잡는 것이 아니라,
미래로 옮겨 심는 일이라는 것을.

젊은이들이여,
너희는 이미 두 세계의 경계 위에 서 있다.
온라인과 오프라인, 가상과 현실, 인간과 알고리즘.
그 경계는 혼란처럼 보이지만, 사실은 새로운 창조의 자궁이다.

두려워하지 마라.

너희의 세대는 분리가 아니라 조합의 세대다.

너희의 시선이 다리를 놓는다. 너희의 언어가 세계를 연결한다.

세상은 결국 '하나의 진리'로 수렴되지 않는다.

진리는 늘 여러 세계가 부딪히는 곳에서 태어난다.

우리가 그 틈새를 두려워하지 않는 한, 새로운 문명은 계속 태어날 것이다.

☕ **잠시 머물며**

"진리는 언제나 양극의 긴장 속에서 태어난다."

– 도스토옙스키

세상은 늘 말한다.

"다름을 인정하라."

그러나 말처럼 쉽지 않다.

다름을 '이해'하는 것은 이성의 일이고,

다름을 '존중'하는 것은 인격의 일이며,

다름을 '함께 살아내는 것'은 용기의 일이다.

나는 수많은 현장에서 다름을 보았다.

서로 다른 세대, 서로 다른 직업, 서로 다른 언어.

그 사이에는 언제나 불편함이 있었다.

하지만 그 불편함이 사라지면, 성장은 멈춘다.

다름이 사라진 공동체는 편안하지만, 그 안에는 더 이상 배움이 없다.

부딪힘이 만들어내는 성장

내가 운영하던 프로그램에서 가장 아름다운 장면은 언제나 '부딪힘' 속에서 나왔다.

외국인 교사가 아이들에게 말이 통하지 않아 좌절하던 날,

아이들은 그림으로 대답했다.

단어 대신 색으로, 문장 대신 표정으로.

그날 나는 배웠다.

언어가 통하지 않아도, 마음은 통한다.

그리고 그 '다름의 통증'이, 서로를 이해하게 만드는 가장 강력한 힘이었다.

불편함을 견디는 용기

공존의 법칙은 '포용'이 아니라 '견딤'이다.

다른 생각, 다른 속도, 다른 방식.

그 차이를 억지로 맞추려 하면

둘 다 부서진다.

진짜 성숙은,

다름이 나를 불편하게 하는 것을 인정하는 데서 시작된다.

그 불편함이 나를 확장시킨다.

나는 회의 자리에서 자주 갈등을 겪었다.

젊은 직원들이 제시한 아이디어가 내 기준에는 비효율적이었다.

하지만 그들이 바라본 세상은 내가 경험한 세상과 달랐다.

그래서 나는 어느 날부터 '이해하려고 하지 않고 들어보기로'했다.

이해하려고 하면 판단하게 된다.

하지만 들어보면 존중이 시작된다.

그리고 그 존중이 서로 다른 세대를 하나로 엮는다.

조화는 균형이 아니라 진동이다

많은 사람들이 '조화'를

서로의 차이를 없애는 일이라고 생각한다.

하지만 진짜 조화는 차이를 유지한 채 울리는 진동이다.

현악기의 소리가 아름다운 이유는

모든 줄이 같은 음으로 맞춰져 있어서가 아니라,

각기 다른 장력이 만들어내는 공명 때문이다.

사람도, 사회도, 조직도 마찬가지다.

완벽히 같아지는 순간, 음악은 멈춘다.

다름이 존재해야 생명은 울린다.

젊은이들이여,

공존은 화려한 이상이 아니다. 그것은 매일의 훈련이다.

누군가의 말이 거슬릴 때,

그 말 속에서 자신의 편견을 발견하는 일.

누군가의 속도가 다를 때, 속도를 인정하며 함께 걷는 일.

그것이 진짜 공존이다. 공존은 완벽이 아니라, 지속적인 조율의 기술이다.

나는 다름과 싸우지 않는다.

그 다름을 견디며, 그 안에서 나를 새롭게 조립한다.

이제 나는 다름이 두렵지 않다.

다름이 나를 성장시키기 때문이다.

☕ **잠시 머물며**

"사람과 사람의 진짜 만남은 서로의 다름을 껴안을 때 일어난다."

– 헨리 나우웬

세 번째 장면 – 세상의 경계

세상에는 늘 경계가 있다.

직업의 경계, 산업의 경계, 나이의 경계, 이념의 경계.

사람들은 그 선을 넘어서는 순간을 두려워한다.

그런데 나는 알았다. 진짜 혁신은, 그 두려움의 선을 넘은 사람에게서만 태어난다.

나는 그 경계를 여러 번 넘었다. 교육 현장에서 사업으로, 사업 현장에서 철학으로, 철학에서 다시 공동체로. 매번 다른 세상이었다.

처음엔 무모했다. "당신은 어느 쪽이냐"라고 묻는 사람들 속에서 나는 늘 '경계 밖의 사람'으로 불렸다.

그 말은 외로움이었지만, 동시에 자유였다.

시스템이 아닌 사람에서 시작된 혁신

진짜 변화는 제도나 기술이 아니라, 한 사람의 문제의식에서 시작된다.

나는 어느 날 한 조리원의 말을 듣고 오래 침묵했다.

"대표님, 저는 메뉴보다 사람이 먼저 보여요. 사람의 표정이 오늘 식단이에요."

그 말이 내 사고를 뒤집었다.

그녀는 '조리원'이 아니라 '철학자'였다.

그 말 한 줄이 공동급식소의 원칙을 새로 썼다.

혁신은 거창한 계획이 아니라,

인간의 감각을 복원하는 일이었다.

실패를 품은 자만이 경계를 넘는다

나는 실패한 프로젝트를 수없이 경험했다.

예상치 못한 변수, 서류상의 오류, 타이밍의 엇갈림.

하지만 이상하게도,

그 실패들은 모두 나를 '다른 세계'로 데려갔다.

실패는 문이 아니라, 통로였다.

닫힌 줄 알았던 문 뒤에서 새로운 길이 열렸다.

젊은이들이여,

실패를 두려워하지 마라.

실패는 경계 밖으로 밀려나는 것이 아니라,

경계 밖으로 초대받는 일이다.

경계 밖의 사람들

나는 그런 사람들을 여럿 만났다.

학교를 떠나 교육을 다시 만든 교사,

회사를 나와 새로운 기업 문화를 세운 직원,

도시를 떠나 시골에서 혁신을 일군 청년.

그들은 체계 밖으로 나왔지만, 혼자가 아니었다.

그들의 주변에는 늘 비슷한 영혼들이 모였다.

경계 밖은 고립이 아니라, 새로운 연결의 시작이었다.

나는 이제 안다.

경계 밖에서 산다는 것은 안정 대신 생생함을 택하는 일이다.

그곳은 예측이 불가능하지만, 그만큼 의미가 살아 있는 공간

이다.

세상은 효율을 기준으로 사람을 자른다.

하지만 인간의 생명력은 언제나 비효율 속에서 자란다.

그 비효율이 바로 혁신의 씨앗이다.

젊은이들이여,

경계를 넘어야 한다. 남들이 정한 길을 벗어날 때,

처음에는 두려울 것이다.

하지만 그 길 끝에는 반드시 너만의 리듬이 기다린다.

나는 여전히 배운다.

오늘도 새로운 경계 앞에서 멈칫거린다. 그러나 이제는 안다.

멈칫거림은 도망이 아니라 준비다.

그 순간, 새로운 내가 태어난다.

☕ **잠시 머물며**

"인간은 환경에 반응하는 존재가 아니라, 의미를 선택하는 존재다."

– 빅터 프랭클

네 번째 장면 – 삶은 분리가 아니라 엮임

나는 이제야 알겠다. 삶은 분리가 아니라, 엮임이다.

내가 지나온 길을 돌아보면 서로 다른 세계들이 실처럼 이어져 있었다.

교육의 세계와 노동의 세계, 현장의 소음과 글의 고요, 몸의 피로와 마음의 충만.

그 모든 것들이 내 안에서 하나의 문장으로 엮이고 있었다.

예전에는 그 차이를 부정했다.

하나는 실용, 하나는 철학이라 여겼다.

하지만 지금은 안다. 둘 중 어느 것도 버려지지 않았다.

모순은 나의 언어였고, 다름은 나의 질서였다.

나는 일의 세계에서 철학을 배웠고, 철학의 세계에서 다시 일을 배웠다.

노동은 생각을 단단하게 만들었고, 사유는 노동을 아름답게 만들었다.

그 둘이 만나면서 내 삶의 리듬은 비로소 완성되었다.

세상은 늘 나눠서 말한다.
이것은 실무, 저것은 이상, 이것은 현실, 저것은 꿈.
하지만 나는 이제 구분하지 않는다. 모든 현실은 철학이고,
모든 철학은 결국 현실이 된다.

젊은이들이여,
너희가 오늘 마주한 현실이 아무리 거칠어도
그 속에는 반드시 '생각의 씨앗'이 숨어 있다.
그리고 그 생각이 자라면 너의 일은 단순한 노동이 아니라,
예술의 형태로 변한다.

삶의 기술은 결국 '리듬의 예술'이다.

나는 더 이상 성공과 실패로 나를 구분하지 않는다.
오늘의 결과보다 중요한 것은, 오늘 내가 살아낸 리듬이다.

삶이 흐르는 동안, 그 리듬이 끊기지 않는 한 나는 계속 진화하
고 있다.

세상은 나를 여전히 '이질적인 사람'이라 부른다.
하지만 나는 웃는다. 이질이란 단어는,
사실은 아름다움의 다른 이름이기 때문이다.

나는 오늘도 다름을 엮는다.
아이들의 웃음과 노인의 손, 기계의 정밀함과 사람의 따뜻함,
하루의 고단함과 밤의 사유.

그 모든 것이 하나의 리듬으로 흘러가고 있다.

그 리듬이 나를 만든다.
그리고 그 리듬이 내일의 세상을 만든다.

☕ 잠시 머물며

"진정한 시너지는 차이에서 태어난다."

– 스티븐 코비

4장

A와 B의 융합 : 이질적 만남이 만든 혁신 사례들

첫 번째 장면 – 배달의민족 : 한 끼의 앱이 산업을 바꾸다

외식업과 IT가 만났을 때, 밥상의 질서는 다시 쓰이기 시작했다.
배달의민족은 '배달'이라는 단순한 행위를 넘어 요식업 전체의
데이터 생태계를 만들었다.
식당은 더 멀리 닿았고, 소비자는 더 가깝게 연결되었다.
그 안에서 음식은 단순한 상품이 아니라 관계의 매개가 되었다.
이질적 만남이 '식문화의 플랫폼'으로 진화한 것이다.

☕ 잠시 머물며

"혁신은 기술이 아니라, 일상의 불편을 관찰하는 감수성에서 시작된다."

– 김봉진(배달의민족 창립자)

카카오의 출발은 단순한 메신저였다.

그러나 그 메신저 속에 금융, 교통, 음악, 콘텐츠가 들어오자

일상은 하나의 디지털 국토가 되었다.

서로 다른 산업의 언어가 하나로 이어지며

우리는 이제 '앱 하나로 사는 시대'를 살아간다.

통신과 금융, 문화와 기술의 융합은 '생활'을 '시스템'이 아닌

'감성의 경험'으로 바꿨다.

☕ **잠시 머물며**

"연결이 세상을 이롭게 한다."

– 카카오 브랜드 슬로건

세 번째 장면 – 하이브(HYBE) : 음악이 기술을 입다

BTS를 탄생시킨 회사, 그 이후의 하이브는 단순한 음악회사가 아니었다.

AI, 플랫폼, NFT 기술을 품으며 '팬덤 경제'라는 새로운 시장 언어를 만들었다.

음악은 이제 감정의 기록이 아니라, 데이터로 이어지는 관계의 구조가 되었다.

예술과 기술, 감성과 데이터가 만났을 때 음악은 상품이 아니라 '경험'이 되었다.

☕ **잠시 머물며**

"음악을 들려주는 회사를 넘어서, 음악으로 세상을 연결하는 회사가 되겠다."

– 방시혁(HYBE 의장)

네 번째 장면 – 테슬라(Tesla) : 기계에서 지능으로

자동차는 오랫동안 강철의 덩어리였다.

그러나 테슬라는 그 덩어리에 두뇌를 심었다.

배터리와 AI, 소프트웨어가 한 몸이 되며 차는 달리는 컴퓨터가 되었다.

전통 제조와 첨단 기술의 융합은 '이동'이라는 개념을 다시 정의했다.

그들의 실험은 "제품이 아닌 철학을 판다"라는 선언이었다.

☕ **잠시 머물며**

"우리는 자동차를 파는 것이 아니라, 세상을 전기로 움직이게 한다."

– 일론 머스크(Elon Musk)

다섯 번째 장면 – 애플×나이키(Apple×Nike) : 몸과 기술의 리듬

운동화에 센서를 달고, 손목에 AI를 얹었다.

애플과 나이키의 만남은 기계가 몸을 읽는 시대를 열었다.

달리기의 땀은 데이터가 되고, 데이터는 건강의 언어가 되었다.

기술은 이렇게 우리의 심장을 배운다.

이 두 브랜드의 융합은 '제품'이 아닌 '삶의 리듬'을 판매한 대표적 혁신이다.

 잠시 머물며

"기술은 몸의 확장이다."

– 스티브 잡스(Steve Jobs)

여섯 번째 장면 – 스타벅스(Starbucks) : 커피 한 잔에 디지털을 녹이다

한 잔의 커피 뒤에는 이제 앱이 있다.

주문·결제·리워드 시스템이 모두 스마트폰에 스며들며,

스타벅스는 카페가 아닌 경험 플랫폼으로 변했다.

디지털과 향기가 섞인 이 융합은 소비를 관계로 바꾸었다.

커피는 더 이상 마시는 음료가 아니라, 사람과 브랜드가 대화하는 언어가 되었다.

☕ **잠시 머물며**

"우리는 커피를 파는 회사가 아니라, 관계를 만드는 회사다."

– 하워드 슐츠(Howard Schultz Starbucks 창립자)

"내 안의 다름들이 서로를 안아주었다"

나는 오랫동안 분열된 채로 살았다.
하나는 이성의 세계에, 하나는 감정의 세계에 서 있었다.
하지만 그 둘이 싸우던 날들이 나를 무너뜨린 것이 아니라
나를 완성시켰다.

이제 나는 안다.
모순은 병이 아니었다. 그것은 성장의 구조였다.

내 안의 다름들이 서로를 안아주기 시작했을 때,
비로소 나는 온전한 나가 되었다.

세상은 여전히 흑과 백으로 나누려고 하지만,
삶은 언제나 회색빛 속에서 피어난다.
그 회색은 타협이 아니라,
빛과 어둠이 서로 껴안은 색이다.

그 빛깔이, 내 인생의 온도였다.

☕ 잠시 머물며

"삶의 진정한 아름다움은 서로 다른 것들이 어울려 조화를 이루는 데 있다."

– 톨스토이

5장

2026년 지금, 가능한 기발한 아이디어들

첫 번째 장면 – 지금, 시작하라

나는 언젠가 깨달았다. 아이디어는 멀리 있지 않다.
늘 발밑에서, 손 닿는 곳에서 우리를 기다리고 있었다.

사람들은 준비가 되면 시작하겠다고 말한다.
하지만 준비란, 시작한 뒤에야 완성되는 것이다.
나는 그 사실을 깨닫는 데 너무 오랜 시간이 걸렸다.

젊은이들이여,
'언젠가'라는 단어를 버려라. 그 언젠가는 오지 않는다.
미래를 부르는 주문은 단 하나다.

"지금, 시작하라."

시작이 완벽할 필요는 없다. 시작은 늘 서툴고, 불완전하다.
하지만 불완전함 속에서만 성장의 문이 열린다.

나는 지금 세상을 보면, 무수한 빈틈들이 보인다.
문제는 그 빈틈이 아니라, 그 빈틈을 기회로 보지 못하는 눈이다.

2026년의 세상은 빠르다. 또 다른 다음 해는 더 빠를 것이다.
모든 것이 연결되고, 모든 것이 포화다.
그러나 바로 그 '포화의 시대'에
새로운 가능성은 역설처럼 숨어 있다.

나는 이런 생각을 자주 한다.

"지금, 이 순간, 무엇이 사라지고 있는가?"

사라지는 것은 곧, 다시 만들어야 할 것의 목록이다.
사람이 느끼는 외로움, 관계의 단절, 과잉 속의 공허.
그곳이 바로 아이디어의 광산이다.

아이디어는 멋진 슬로건에서 나오지 않는다.
그건 '결핍을 사랑하는 마음'에서 태어난다.
누군가의 불편을 해결하려는 진심, 누군가의 삶을 조금 덜 힘들
게 하려는 시도.

    밥은 먹고 다니냐 – '사람'을 남긴다는 것

거기서 진짜 혁신이 자란다.

젊은이들이여,
너희가 가진 작은 재능 하나, 그것은 이미 세상을 바꿀 씨앗이다.

요리를 잘한다면, 그 기술을 나눌 수 있는 방식을 찾아라.
그림을 그린다면, 그 그림이 위로가 될 사람을 떠올려라.

세상은 거대한 혁신보다 작은 따뜻함의 지속을 더 절실히 원하고 있다.

나는 오늘도 노트를 펼쳐서 쓴다. 무모해 보이는 생각들,
누가 들어주지 않아도, 나는 기록한다.

왜냐하면, 모든 위대한 시작은 언제나 조용한 기록으로부터 태어났기 때문이다.

☕ **잠시 머물며**

"지금 행동하지 않으면, 영원히 준비만 하다 끝날 것이다."

– 파울로 코엘료

세상은 늘 '큰 것'을 원한다.
거대한 프로젝트, 혁명적인 기술, 세계적 성공.
하지만 나는 오래전부터 믿는다.
세상을 바꾸는 것은 언제나 작은 생각에서 시작된다.

작은 생각 하나가 만든 변화

몇 해 전, 서울의 한 공원에서 노인 한 분이 종이컵에 커피를 담아 팔고 있었다.

그는 하루 3,000원의 이득을 남기며 말했다.
"나는 사람들을 마주 보며 이야기할 수 있어서 행복해요."

그날 나는 그분이 '사업가'임을 깨달았다.
그는 돈을 버는 것이 아니라,
사람의 외로움을 파악하고 해결한 사람이었다.

작은 생각이었다. 그러나 그 커피 한 잔이 도시의 냉기를 녹였다.

국내의 작은 혁신

경북의 한 시골 마을, 청년 셋이 버려진 정미소를 리모델링해 어르신들을 위한 '공유식당'을 열었다.

하루 한 끼, 손님 대신 '이웃'을 받는 식당.

수익은 거의 없지만, 그들은 말했다.

"이 식당은 장사보다 관계를 요리하는 곳이에요."

그 말이 내게 오래 남았다. 작은 공간이 세상을 치유할 수 있다는 믿음.

해외의 작은 혁신

인도의 어느 마을에서는 아이들이 매일 학교에 오지 않았다.

그 이유는 단 하나, 신발이 없었기 때문이었다.

한 청년은 플라스틱 폐품을 모아 5달러짜리 신발을 만들기 시작했다.

그 아이디어는 곧 아이들의 출석률을 70%에서 95%로 끌어올렸다.

그것은 거대한 기술이 아니었다. 단 한 사람의 공감에서 시작된 발명이었다.

덴마크의 한 디자이너는 노인들의 외로움을 덜기 위해 '대화형 공원 의자'를 만들었다.

앉으면 자동으로 옆자리에 불이 켜지면서 "잠시 이야기할까요?"라는 문구가 뜬다.

사람들은 그 의자 덕분에 처음 본 이와 대화를 나누기 시작했다.
한 의자가 도시의 문화를 바꿨다.

내 삶의 작은 아이디어
나는 거창한 계획보다 매일의 작은 개선을 더 신뢰한다.

유치원 콘텐츠를 만들 때, 나는 늘 한 칸을 비워둔다.
그 빈칸은 즉흥의 자리다.
아이들이 직접 고를 수 있는 날.
그 한 칸의 자율성이 아이들의 표정을 바꿨다.
작은 선택의 경험이 아이들에게 '존중받는 기쁨'을 가르쳤다.

젊은이들이여,
너무 큰 것을 꿈꾸지 말아라. 위대한 일은 작게 시작되어야만
끝까지 살아남는다.

혁신은 번쩍이는 아이디어가 아니라, 작은 불편을 예민하게 보
는 눈에서 태어난다.

누군가의 불편을 발견하고, 그 불편을 해결할 방법을 찾는 순간,
그것이 바로 '세상을 바꾸는 첫발'이다.

세상은 거대한 구호가 아니라, 조용한 손길로 움직인다.

큰 혁신은 때로 사람을 압도하지만, 작은 혁신은 사람을 변화시킨다.

나는 믿는다.

세상은 거대한 영웅이 아니라, 작은 행동을 멈추지 않는 평범한 사람들이 구한다.

☕ **잠시 머물며**

"선한 일은 위대한 계획이 아니라, 지금 눈앞의 작은 행동에서 시작된다."

– 톨스토이

세 번째 장면 – 기회는 만들어지는 것

나는 이제 기다리지 않는다.
기회는 오는 것이 아니라, 만들어지는 것임을 알기 때문이다.

세상은 언제나 변화를 약속하지만, 그 변화의 시계는 느리다.
진짜 미래는 제도가 아니라, 사람의 결심에서 시작된다.

움직이는 자에게만 보이는 길

나는 수많은 현장에서 느꼈다.
가만히 있는 사람에게는 길이 보이지 않는다.
길은 움직이는 자의 발밑에서 열린다.

"준비되면 시작하겠다"라는 말은, 결국 시작하지 않겠다는 핑계일 때가 많다.
세상은 완벽히 준비된 사람보다 미완의 용기를 가진 사람을 기다리고 있다.

실천이 만든 철학

나는 글을 쓰며 배웠다. 생각이 아무리 깊어도,
실천하지 않으면 그것은 공허한 울림에 불과하다는 것을.

실천은 철학의 마지막 문장이다.

행동하지 않는 철학은 장식품이고,
행동하는 철학은 생명체다.

내가 배운 진짜 지혜는 책이 아니라, 땀과 손끝에서 피어났다.

기다림의 시대를 건너는 법
많은 젊은이들이 이렇게 말한다.
"아직 때가 아니에요.", "조금만 더 준비되면요."

하지만 '때'란 스스로 만들어야 한다.
세상은 너의 속도를 맞춰주지 않는다.
너의 손이 먼저 나아가야,
세상의 문도 열린다.

미래는 기다리는 사람의 것이 아니다. 움직이는 사람의 것이다.

작은 불씨가 세상을 밝힌다
나는 믿는다.
혁명은 거대한 외침에서 시작되지 않는다.
그것은 한 사람의 조용한 실행에서 태어난다.

누군가의 눈물 옆에서 한 손이라도 내미는 일,
누군가의 상처 앞에서 한 문장이라도 쓰는 일.

그 사소한 행동이 세상을 다시 따뜻하게 만든다.

젊은이들이여,

미래는 멀리 있지 않다.

그것은 오늘 네가 내딛는 한 걸음 안에 있다.

그 걸음이 흔들려도 괜찮다. 흔들림이 없으면, 배움도 없다.

미래는 완성된 자의 것이 아니라, 계속 배우는 자의 것이다.

나는 오늘도 묻는다.

"무엇을 더 배울 수 있을까?"

그 질문이 멈추지 않는 한, 나는 여전히 살아 있다.

배움이 있는 한, 미래는 늘 지금 이 자리에서 시작된다.

☕ **잠시 머물며**

"미래를 예측하는 가장 좋은 방법은 그 미래를 직접 만들어가는 것이다."

– 스티븐 코비

"내일은 이미 오늘 안에 있었다"

나는 오랫동안 미래를 멀리서 찾았다. 언젠가, 언젠가…
그 말로 나를 위로했다.
하지만 언젠가는 오지 않았다. 대신 오늘이 있었다.
지금 이 자리, 지금 이 마음.
그 안에 이미 내일이 숨어 있었다.

아이디어는 머리가 아니라 삶에서 태어난다.
삶을 사랑하는 사람이 결국 새로운 세상을 만든다.
불안한 이 시대에도 작은 따뜻함을 버리지 않는 사람이 있다면
세상은 아직 희망이 있다.

나는 이제 기다리지 않는다.
계획보다 행동을, 두려움보다 시작을, 의심보다 실행을 택한다.

미래는 완벽한 사람이 아니라 불완전함을 품은 채로 움직이는
사람의 것이다.

젊은이들이여,
너희가 오늘 품은 생각 하나가 누군가의 내일이 된다.
지금의 너를 믿어라.
이 순간의 불완전함이 언젠가 누군가에게는 완전한 길잡이가

될 것이다.

나는 안다.
삶은 거대한 계획서가 아니라, 하루하루의 작은 실천 노트였다.
그 노트 속에 적힌 "오늘도 한 걸음"이라는 문장이,
결국 나의 모든 꿈을 완성시켰다.

☕ **잠시 머물며**

"미래를 걱정하기보다 오늘을 충실히 사는 사람이 이미 가장 깊은 미래 속에 서 있다."

– 헨리 나우웬

<h1 style="text-align:center">부록 속의 부록</h1>

2026년 지금, 충분히 실현 가능한 아이디어 10선

1. 공유 반찬 냉장고 프로젝트 – "오늘의 한 끼를 나누다"

- 지역 주민이 직접 만든 반찬을 기부·교환할 수 있는 '공유 냉장고'를 공동체 중심으로 운영
- 지자체·교회·협동조합이 참여하면, 노인 고립·식사 결핍 해결 가능

핵심 철학 : 음식은 생존이 아니라 관계의 매개다.

2. 마을 기록관 – "사라지는 이야기를 수집하다"

- 동네 어르신, 상인, 학생이 함께 '마을의 역사'를 구술·사진·지도 형태로 기록하는 시민 아카이브
- 디지털 시대의 '공동 기억창고'

핵심 철학 : 기록은 과거를 남기는 일이 아니라, 미래의 자존심을 지키는 일이다.

3. 1인 돌봄 연대 플랫폼 – "돌봄을 나누는 기술"

- 독거노인, 1인 가구, 청년을 연결해 서로 일상 도움(식사·장보기·대화)을 주고받는 지역 P2P 돌봄 앱
- AI가 매칭, 공동체가 정서적 돌봄을 확장

핵심 철학 : 돌봄은 복지가 아니라, 인간의 본능이다.

4. 퇴근 후 1시간 협동 교실 – "퇴근 후 배우는 사회"

- 직장인, 학부모, 시니어가 저녁 1시간씩 '서로의 재능'을 가르치고 배우는 마을형 나눔 수업

핵심 철학 : 지식의 흐름은 '위에서 아래로'가 아니라, '옆으로' 흘러야 한다.

5. 도시 양봉 + 학교연계 프로젝트 – "아이들이 꿀벌에게 배우다"

- 초·중등학교 옥상에 미니 양봉장 설치 → 환경 교육+지역 꿀 판매 수익으로 친환경 급식 재원 마련

핵심 철학 : 생태는 교과가 아니라, 함께 살아보는 체험이다.

6. 노인 일터 리디자인 – "일은 연령이 아니라 의미로 나눈다"

- 시니어를 '직업군'이 아니라 '멘토'로 재배치

예 : 조리원, 정원관리, 유치원 도우미 등 경험을 자산화한 '인생 2막 고용 모델'

핵심 철학 : 나이의 끝은 경험의 시작이다.

7. 감정 정류장 – "마음이 쉬어갈 공간"

- 도시 곳곳에 QR 기반 '감정 쉼터' 설치
- 시민이 QR을 찍으면 짧은 명상문·음악·익명 메시지 남기기 가능

핵심 철학 : 마음의 교통체증을 풀어주는 것은 기술이 아니라 휴식이다.

8. 청년-시니어 협동 주방 – "세대가 함께 밥을 짓다"

- 청년 셰프와 시니어 조리사가 함께 운영하는 공동급식·배달·밀키트 브랜드
- 실버이음 협동조합의 확장형 모델로 즉시 실현 가능

핵심 철학 : 세대는 갈등의 선이 아니라, 조리대 위의 파트너다.

9. AI 기반 마음일기 앱 – "감정의 문장을 기술이 돕다"

- 음성·문장 기반으로 사용자의 감정 상태를 기록하고, AI가 하루의 감정 리듬을 요약해주는 '정신 건강 일기' 서비스

핵심 철학 : 데이터의 시대에 감정도 기록되어야 한다.

10. 작은 꿈 투자 플랫폼 – "100명이 한 사람의 꿈을 밀어준다"

- SNS 기반 마이크로 크라우드펀딩 서비스
- 크고 화려한 스타트업이 아니라, 평범한 사람들의 '작은 꿈'을 후원하는 플랫폼

핵심 철학 : 경제는 돈의 순환이 아니라, 신뢰의 순환이다.

☕ **잠시 머물며**

"위대한 변화는 거대한 결심이 아니라, 작은 실행의 반복에서 시작된다."

– 스티븐 코비

이 열가지 제안은 모두 '지금, 바로 실행 가능한 것들'이다.

복잡한 자본 없이도, 누군가의 공감과 연대만으로 시작할 수 있는 현실적 시도들.

그리고 모든 제안에는 "행동하는 사유, 따뜻한 혁신"이 흐르고 있다.

꿈을 꾸자, 젊은이들이여!

지금 이 책을 쓰고 있는 이 순간에도 나는 여전히 꿈을 꾸며 지내고 있다.

버려진 나뭇조각들, 누군가에게는 쓸모없는 파편이지만,

내게는 또 하나의 시작이었다.

그 조각들로 유아용 교구를 만들고,

아이들의 손끝에서 새로운 세상을 배우게 하는 일.

이 일을 위해 나는 베트남 현지에 합작 법인을 설립하고 있다.

2026년 첫 번째 교구가 베트남에서 생산되어 베트남 현지 유아교육기관으로 보급될 예정이다.

그리고 국내에서는 실버이음 사회적 협동조합이 새롭게 태어
난다.

어르신들의 인지 능력 향상을 위한 교재와 교구,

그리고 공동급식소의 운영까지 총괄할 이 협동조합 역시

2026년 설립을 앞두고 있다.

나이 든 나도 이렇게 꿈을 꾼다.

아직도 무언가를 세상에 내놓고 싶다.

그것이 작아도, 느려도, 의미가 있다면 충분하다.

다시 한번 말하지만, 책상 위에 놓인 99가지 아이디어는

움직이지 않으면 아무짝에도 쓸모가 없다.

그중 단 하나라도 들고 나가 사람과 부딪치고, 세상과 마주할 때

비로소 그것은 '사업'이 된다.

아이디어는 생각 속에서 태어나지만,

꿈은 행동 속에서 자란다.

나는 오늘도 그 믿음으로 한 걸음 더 내디딘다.

☕ **잠시 머물며**

"행동은 언제나 미완의 믿음이다.

그러나 멈추지 않는 믿음은 결국 길을 만든다." – 성 제

"현실 속의 철학, 삶 속의 시"

나는 오랫동안 '철학'을 책 속에서 찾았다.
하지만 인생은 내게 말했다.

"철학은 책에 있지 않다.
네가 매일 서 있는 그 자리가 바로 철학의 자리다."

삶은 늘 나를 시험했다.
계획대로 된 날보다 그렇지 않은 날이 훨씬 많았다.
하지만 바로 그 틈새에서 나는 생각의 씨앗을 발견했다.

하루의 고단함, 사람들의 다툼, 예상치 못한 변수 속에서도 나는 늘 묻곤 했다.
"이 안에도 의미가 있을까?"

그리고 놀랍게도, 의미는 언제나 그 안에 있었다.

나는 이제 안다. 철학은 말이 아니라, 태도였다.
그것은 거창한 지식이 아니라, 하루를 어떻게 살아내는가의 문제였다.

하루를 정직하게 버텨내는 사람, 자신의 자리에서 묵묵히 최선
을 다하는 사람,
그들이야말로 가장 현실적인 철학자였다.

나는 한때 '성공'을 좇았다. 그것은 불안의 다른 이름이었다.
하지만 지금은 다르다. 나는 성공보다 '지속'을 믿는다.
계속 걷는 사람만이 길을 만든다.

그리고 길을 만드는 사람은 결국 시인이 된다.
왜냐하면 시는, 삶을 가장 아름답게 정리하는 언어이기 때문
이다.

젊은이들이여, 너희의 인생을 시처럼 써라.
완벽하지 않아도 좋다.
시의 가치는 문법이 아니라 진심의 떨림에 있다.
삶도 그렇다. 계획이 아니라, 진심의 방향이 사람을 이끈다.

나는 여전히 배운다.
사람에게서, 실패에게서,
아침 햇살과 저녁의 고요에게서.
모든 것이 나의 스승이었다.

그 스승들이 내게 가르친 것은 단 하나였다.

"살아 있는 한, 배움은 끝나지 않는다."

세상은 여전히 복잡하다. 기술이 인간을 앞서고,
돈이 가치를 압도한다. 그러나 나는 여전히 믿는다.
사람은 이성으로 움직이고, 사랑으로 완성된다.

그 믿음이 꺼지지 않는 한, 우리는 아직 희망의 시대에 살고 있다.

오늘도 나는 글을 쓴다. 그것은 세상을 바꾸려는 글이 아니라,
세상 속에서 나를 잃지 않으려는 글이다.

이 글이 끝나도, 나의 일은 끝나지 않는다.
왜냐하면 철학은 쓰는 것이 아니라, 살아내는 것이기 때문이다.

나는 먼 미래를 꿈꾸며 살아왔지만,
이제는 '오늘'을 사랑하기로 했다.

오늘의 대화, 오늘의 일, 오늘의 숨.
그것들이 내 인생의 가장 솔직한 시였다.

내일의 성공보다, 오늘의 진심이 더 중요하다.

삶의 철학은 내일이 아니라 지금, 이 순간을 어떻게 대하느냐
에 달려 있었다.

나는 이 책을 닫으며 다짐한다.
"이제는 철학을 말하지 않고, 철학으로 살아가자."

그 한 문장이, 내가 남기고 싶은 모든 말이다.

"삶을 사랑하는 사람은, 그 자체로 이미 하나님께 시를 바치는 사람이다."

– 헨리 나우웬

무소의 뿔처럼 혼자서 가라 (숫타니파타 '무소의 뿔경')

소리에 놀라지 않는 사자처럼
그물에 걸리지 않는 바람처럼,
진흙에 더렵혀지지 않는 연꽃처럼,
무소의 뿔처럼 혼자서 가라.

사무실에 있는 서예 사진 ▶

밥은 먹고 다니냐 - '사람'을 남긴다는 것

제1판 1쇄 2026년 2월 27일

지은이 성 제
펴낸이 한성주
펴낸곳 ㈜두드림미디어
책임편집 최윤경
디자인 디자인 뜰채 apexmino@hanmail.net

㈜두드림미디어
등   록   2015년 3월 25일(제2022-000009호)
주   소   서울시 강서구 공항대로 219, 620호, 621호
전   화   02)333-3577
팩   스   02)6455-3477
이메일   dodreamedia@naver.com(원고 투고 및 출판 관련 문의)
카   페   https://cafe.naver.com/dodreamedia

ISBN   979-11-24026-18-2 (03190)

**책 내용에 관한 궁금증은 표지 앞날개에 있는 저자의 이메일이나
저자의 각종 SNS 연락처로 문의해주시길 바랍니다.**